翻译与语言认知研究丛书

口译过程认知研究

王建华　著

中国人民大学出版社

·北京·

图书在版编目（CIP）数据

口译过程认知研究/王建华著 . —北京：中国人民大学出版社，2019.9
（翻译与语言认知研究丛书）
ISBN 978-7-300-27447-8

Ⅰ.①口… Ⅱ.①王… Ⅲ.①口译—研究 Ⅳ.①H059

中国版本图书馆 CIP 数据核字（2019）第 206865 号

翻译与语言认知研究丛书
口译过程认知研究
王建华　著
Kouyi Guocheng Renzhi Yanjiu

出版发行	中国人民大学出版社		
社　　址	北京中关村大街 31 号	邮政编码	100080
电　　话	010 - 62511242（总编室）	010 - 62511770（质管部）	
	010 - 82501766（邮购部）	010 - 62514148（门市部）	
	010 - 62515195（发行公司）	010 - 62515275（盗版举报）	
网　　址	http://www.crup.com.cn		
经　　销	新华书店		
印　　刷	北京东君印刷有限公司		
规　　格	170 mm×228 mm　16 开本	版　　次	2019 年 9 月第 1 版
印　　张	12.25	印　　次	2019 年 9 月第 1 次印刷
字　　数	200 000	定　　价	58.00 元

前言

　　口译过程研究是近年来中外口译研究领域的学者都普遍关心的热点研究内容。人工智能口译未来的发展离不开口译过程的认知研究和口译过程研究的成果支撑。口译过程分为基本的五个过程：口译理解过程、口译记忆过程、口译转换过程、注意力协调分配过程和口译表达过程。每个过程的认知对于未来提高口译译员培训水平和人工智能口译能力都有着无法替代的作用。当前，人工智能口译发展到一个新的高度，口译语料库的不断更新、神经网络系统的深度学习能力提升为人工智能口译能力提升提供了基础。但是，口译语料库的无限扩容给人工智能口译的专业性带来的杂音和干扰，语料的重复和相似性无疑降低了人工智能口译的效率；神经网络算法更新面临挑战，没有新的口译过程认知，神经网络算法改进和更新无从谈起，因此，口译过程认知研究到了紧要关头。

　　本专著把口译阶段性过程认知和口译整体过程的认知相结合，旨在科学、全面和系统地认知口译过程，从而为新一轮人工智能口译提供理论支撑，为口译实践和培训提供理论指导。本专著共分七章二十一节，系统地呈现出口译过程研究的认知全貌，同时为口译过程研究提供方法论指导。感谢我的博士生李玖、蒋新莉、张星、李静、黄婕和张茜还有硕士生王甜、王天笑、寿盼、张静茗、张玉玲、孙世浩、左欣雅、张宇超、曾兆东和刘吉利。在书稿的写作和修改过程中，学生们积极参与，一起研讨，在搜集资料和校对文稿方面都付出了很多努力；特别感谢山西师范大学青年教师肖风博士，肖老师研究专长是神经心理学，语言认知技术研究部分的 ERP 技术和 fMRI 技术的撰写得到了肖老师的不吝相助，令人感激不尽。本系列专著受到中国人民大学重大科研项目（编号：2015030227）、山西师范大学"语言认知协同创新"项目和山西省挂职副校长科研项目资助，借此一并表示感谢！

由于学识浅陋，书中难免有不足之处，敬请各位读者不吝指正。

2019 年 7 月 18 日

人大明德楼

目录

第一章 口译过程研究概述

第一节 研究总论

"过程"，一般指事情进行或事物发展所经过的程序、阶段，如生长过程、认识过程、操作过程等。《韦氏第三版新国际英语大辞典》（*Webster's Third New International Dictionary*）中对"过程"的定义是："持续不断进行的事件、动作或发展阶段；或者持续向前的进程，如一系列发生的事情或正在延续的经历。"对于口译过程而言，正如笔译一样，表现为从源语到目标语的转换过程。但二者在诸多方面存在着明显差异，在口译研究中，研究者往往更加注重"过程"。可以说，"过程"已成为当今口译研究领域中最具影响力的超级模因[1]。

口译过程是一个多任务并行的认知加工过程，需要经过信息感知、记忆、提取、编码、存储、解码和再表达等一系列认知处理环节，其实质是心理的而非物质的，是认知的而非纯语言的。在口译活动中，译者的口译任务顺利完成与否，取决于其能否成功克服从理解到记忆过程中的认知矛盾，继而解决从记忆到表达

---

[1] Pöchhacker, F. *Introducing Interpreting Studies* [M]. London & New York：Routledge，2004.

过程中的认知困难。因此，口译认知过程是口译过程中的关键一环，口译过程从根本上讲也是一项认知过程。口译研究之初，学者们就把口译问题视作认知问题，运用认知心理学和实验心理学理论与方法研究这个语言认知问题；口译理论模型建构阶段，学者们运用认知心理学、认知神经科学和生物神经科学进行口译过程的语言转换认知研究；进入 21 世纪以来，学者们以哲学思想为理念，借助人类学和认知心理学的研究方法，运用计算机科学的大数据技术和认知神经科学的现代研究技术，进行口译过程认知理论建构和实证研究。

可见，从认知角度对口译过程进行研究，探究口译认知机制运作模式，能更清楚地发现其内在规律，有助于提高译员口译技能，提升译员化解认知风险的能力，为口译人才培养提供积极策略。但是，已有的研究理论功能定位和理论基础界定不清，模型繁多，适用范围模糊，且研究内容过于分散，未能将整体口译过程与阶段性过程认知统一起来，缺乏系统性整合。因而，只解决译员单任务处理的认知能力不足问题，无法有效解决译员应对整个口译任务时认知负荷超载问题，亦难以有效支撑口译学科建设。

基于此，本研究以跨学科的哲学思想为理念，以语言学、认知心理学和认知神经科学的理论为基础，以口译过程认知建构为导向，借助人类学和认知心理学的研究方法，运用语料库技术和认知神经科学的现代研究技术，进行口译过程认知理论构建与方法探究，揭示整体口译过程认知加工机制，为口译研究学者提供清晰的研究理论体系，帮助译员化解口译任务中面临的认知负荷超载难题，促进口译研究、教学和实践，推动口译学科发展，将口译研究并入永续发展的认知进化轨道。

第二节　研究现状与意义

口译过程研究近年来受到学界和业界的广泛关注。近年来，国内外学者用不同的理论作指导对口译过程进行研究，这些理论包括关联理论（张庆月．

2008①；王佳，2011②）、叙事理论（王洪宝，朱丽明，2011③）、意义建构理论（蒋文干，郑亚亚 2014④）、生态翻译理论（陈圣白，2013⑤）、符号视域论（王非，2012⑥）、释意理论（熊雯，2014⑦）和 3P 理论（刘建珠，2006⑧）等。这些理论认识到口译过程的阶段性和过程的未知性，因此，都希望通过跨学科理论的引入来揭示不同阶段未知的口译过程。但是，这些研究都忽视了口译过程的阶段性和未知性是同时发生的，而不是割裂开来的，因此，这些理论都无法针对性地指导口译过程研究，都具有片面性和顾此失彼的问题。

认知心理学的发展为口译过程研究提供了可靠的理论指导。认知心理学强调认知的阶段性，把认知过程视为信息加工过程，信息加工包括感知、注意、记忆、编码、存储、解码和提取以及思维过程和语言表达，这些不同的加工过程构成了整个认知过程，这个总过程由相连或相叠合的不同阶段构成。认知心理学强调整体性下的不同阶段性，口译过程恰恰是在一个整体过程之下包含多个不同子过程，这些子过程具有阶段性特点。随着口译研究与认知心理学研究的融合发展，很多认知心理学研究的方法和手段都被不断应用到口译研究中来，从而使得口译研究从以往的重口译结果和口译技巧研究转向口译过程研究上来。以往的口译研究善于抓住口译的流畅性、准确性和口译的完整性进行研究，并取得了不少的研究成果（杨承淑，2005⑨；张威，2010⑩；Cencini，2006⑪；Zhong，2001⑫），但是，这些研究实质上属于口译质量的评估性研究，或者口译技巧和

① 张庆月. 基于关联理论的口译过程研究 [J]. 中国科技信息，2008 (19)：288－289.
② 王佳. 关联理论视角下的口译过程研究 [D] 青岛：中国海洋大学，2011.
③ 王洪宝，朱丽明. 叙事理论视角下的口译过程研究 [J]. 学科教学研究，2011 (05)：177－178.
④ 蒋文干，郑亚亚. 基于意义建构理论的口译过程研究 [J]. 鸡西大学学报 (综合版)，2014 (4)：74－77.
⑤ 陈圣白. 生态翻译学视角下的口译过程研究 [J]. 考试与评价：大学英语教研版，2013 (4)：30－37.
⑥ 王非，郭继荣. 符号学视域下的会议口译过程研究 [J]. 翻译研究，2012 (04)：55－59.
⑦ 熊雯. 释意理论视阈下的口译过程研究 [J]. 翻译研究，2014 (24)：154－155.
⑧ 刘建珠. 口译过程研究与 "3P" 口译教学模式 [J]. 大学英语：学术版，2006 (2)：335－339.
⑨ 杨承淑. 口译教学研究：理论与实践 [M]. 北京：中国对外翻译出版社，2005.
⑩ 张威. 同声传译的工作记忆机制 [J]. 外国语，2010 (2)：60－66.
⑪ Cencini A. Translation of Search Result Display Elements. US，US20060277189.
⑫ ZHONG W H. Interpreting Training：Models and Contents and Methodology [J]. *Chinese Translators Journal*，2001：30－33.

方法性研究，属于重视方法和结果的研究，没有深层次挖掘导致口译流畅、准确和完整的内在原因。口译研究若要触及这些深层次的原因，就需要从口译的基本规律和基本流程研究开始进行口译过程认知研究。口译过程认知研究包括口译的理解过程认知、口译的记忆过程认知、口译的信息转换过程认知和口译的信息表达过程认知研究等。

口译过程认知研究可以揭示口译信息加工的内在机制，口译过程中的信息加工过程堪称一个黑匣子，在这个黑匣子中信息如何加工一直是一个谜，因此，口译过程认知研究必将揭开此黑匣子，为口译的信息加工处理提供一个有效的研究方法，从而为口译过程研究提供一个有效的研究思路，更为口译过程不同阶段的研究提供有效的理论指导和方法支撑。

第三节　研究的主要内容

本研究对口译过程研究进行了理论建构，从认知心理学的过程认知论出发，把口译过程从信息的输入到信息的输出划分为六个子过程，分别是信息的感知过程、注意力分配过程、信息的记忆加工过程、信息的提取加工过程、信息的存储转换过程以及信息的表达过程。一、信息感知过程。信息的感知是信息理解的前提和基础，感知过程与理解过程相伴而生但先于理解过程，感知的过程包括感知机制、感知过程和感知方式三个维度，其支撑理论包括图式理论、自上而下和自下而上三个理论，这三个理论共同构成了信息的感知过程理论；二、注意力分配协调过程。口译信息理解过程中同传译员即刻进入多任务并行处理阶段，包括理解、脑记、信息提取转换与表达，而交传译员进入理解、脑记、笔记阶段，此阶段表现为注意力的分配过程，多任务协调加工显得尤为重要。此阶段的认知理论支撑包括过滤理论、中枢能量论和自动加工理论，这三个理论共同构成了注意力分配过程的理论依据；三、口译记忆加工过程。译员在注意力分配过程中，影响信息分配加工效果的最主要过程是信息记忆加工。信息的记忆过程在同传中表现为短时记忆，在交传过程中表现为工作记忆，但是，两种模式下的记忆加工都涉及长时记忆的作用。记忆分为短时记忆、工作记忆和长时记忆三个基本的类型，在信息加工过程中记忆存储具有选择性和过滤性特点，短时记忆信息转入到工作记忆，工作记忆信息再转入到长时记忆，记忆表现出显著的序列性特点。关于记忆的支撑理论有三大模型理论，分别是特征比较模型、网络层次模型和集理论模型。四、口译信息提取加工过程。口译信息提取过程表现为记忆信息的提取，在语言信息认知加工时，表现为启动、激活、解码、扩散和提取过程，其支撑理论有激活扩散理论、重构理论和解码理论。五、口译信息认知转换过程。信息的存储转换主要体现在信息的缓存阶段，通过缓存信息可以在表达前进行调整和修正，此处存储有单独存储和共同存储两种观点。这两种观点作为两种理论包含表层、深层和转换。六、口译信息的表达。口译信息表达过程是口译过程的最后一个阶段，其质量高低对口译成功与否至关重要。其支撑理论主要包括衔接连贯理论、语域识别理论和模糊语义理论三个方面。

第四节 研究的方法

本研究旨在运用认知心理学理论建构口译过程研究的基本体系，进行理论探索、方法验证和思路梳理，为口译过程认知研究从跨学科的角度进行新的研究尝试。此处的跨学科研究法把认知心理学的认知阶段性和认知整体性理论引入到口译过程研究中来，口译过程的整体性特点和阶段性特点恰好匹配了认知心理学的认知特点，通过口译认知过程的阶段性和整体性分类为口译过程研究建立起理论模式。

认知心理学的整体过程中所包含的信息感知、注意分配、信息记忆、信息存储、信息解码、信息编码和信息提取等不同阶段为口译过程研究提供了跨学科研究的理论借鉴。口译过程中从最初的信息输入感知到信息理解属于信息认知过程的感知阶段；接下来是信息加工过程中的注意力分配，译员在口译信息加工过程中需要进行多任务并行处理，此过程包括理解、信息脑记、信息笔记到信息记忆和信息提取，在同声传译过程中需要同时进行信息输出即信息表达，此多任务并行过程可以用认知心理学的注意力分配来建构其理论模型；认知心理学中的记忆理论包括短时记忆、工作记忆和长时记忆三个类别，口译过程中译员同样需要进行记忆的信息加工处理，此处的记忆理论建构借用认知记忆理论可以恰当建构记忆理论与模式；认知心理学的信息编码、存储与解码加工可以为口译过程中的信息转换提供相应的理论建构依据，口译过程中的信息转换包含信息从记忆库中解码提取，然后再编码为目的语，最终用目的语表达出来；在认知心理学中的信息提取转换可以分类为单语者和双语者，单语存储者的口译信息转换需要经过中间的缓冲存储到提取转换，而双语存储者可以直接在源语和目的语之间直接转换。

此跨学科的口译过程认知理论建构运用认知科学的理论、方法和成果从整体上对口译过程进行综合研究，此研究方法为跨学科交叉研究法。在此跨学科研究过程中，认知科学的整体性认知法得以借鉴和体现，同时，阶段性认知在口译过程研究中也得到照应性匹配。跨学科研究不是简单地交叉建构口译过程认知研究理论，对于每个阶段性过程进行理论建构时，分类法和对比法也得到运用。由此可以看出，研究方法并不是单一的跨学科研究，而是在跨学科研究之下包含了不同类别分类，进行了不同的层级划分和对比方法引入。感知过程的研究中包含感知机制、感知过程和感知方式的不同分类与对比，注意力分配包括同传注意力分配和交传注意力分配两个基本分类，记忆包括记忆序列、记忆首因和记忆三种基本模式，进行分类和对比以及概念化。最后两部分中对存储和信息表达过程的认知分析，也为跨学科研究提供了进一步的方法指导。

认知心理学常用的问卷法、调查法、实验法、访谈法、有声思维法都是此研究所需要的研究方法，新的眼动技术和脑电位技术也是此研究需要用到的技术，研究方法的认知科学化有助于口译过程研究揭示未知的信息加工机制。

第二章 口译感知理解过程

第一节 口译信息的感知机制

1. 引言

伴随着全球化的大潮流，各种文化和民族之间的交流变得日益频繁。在这种背景驱使下，口译作为一种文化间交流的最有效的工具应运而生。罗思安认为，笔译是把一种语言用书面形式转换到另一种语言的过程，然而口译是以口头交流为目的，两种不同语言之间的语义交换①。口译不仅仅是语言或语法的转换，更重要的是把相关的意思准确地传达给听者。梅德明把口译定义为语言交流过程。在这过程中，译员接受和分析源语信息，并同时或交互地转换成目的语的语言符号②。因此，口译过程中，译员不仅要有熟练的语言学技能，还要克服各种心理

---

① González，R. D.，Vásquez，V. F. & Mikkelson，H. *Fundamentals of Court Interpretation*：*Theory*，*Policy and Practice* [C]. Durham：Carolina Academic Press，1991：296.
② 梅德明. 上海市口译资格证书考试高级口译教程 [M]. 上海：上海外语教育出版社，1996：4-6.

因素。关于口译方面，国内外学者做了广泛的研究和钻研，研究的题目和侧重点也是多种多样。然而关于口译信息加工过程中的感知机制研究已有文献或研究成果并不多。鉴于此，本文试图从认知角度，应用吉尔模型和其他相关的理论，探索口译信息加工过程中的感知机制的作用，并据此对译员口译过程予以相应的帮助或参考。

2. 感知机制方面的相关文献综述

感知是人类最为基础的体验。在感知过程中，大脑不断地组织、辨别和转换感知得到的信息，从而达到对环境的认识和理解。因此，伯恩施坦认为所有感知都包含了神经系统中的信号。这些信号是感官在物理或化学刺激下所产生。例如，视觉是在光亮刺激视网膜而产生；嗅觉是气味分子散播而导致；听觉在压力波作用下产生。然而，感知不是被动地去接收这些信号，而是在人的学习、记忆、期待和注意力等因素下促成的[1]。很多国内外的专家对感知进行了大量的研究和探索。彼得和诺尔曼认为，感知是一个过程，在此期间，感官转换和组织感知觉产生有意义的实践。这里的"感知觉"是由眼、耳、鼻、眉、口等人体器官在直接的外在刺激之下所接收的信息。然而"感知"是"感知觉"的延伸，是对感知信息的进一步加工所得，最终的对外在世界的体验[2]。可见，在实践中，"感知"和"感知觉"是相互作用，密不可分的。根据《牛津高阶英汉双解词典》的定义，"感觉"的原意指任何五官所受到的感应，以此人类或动物能够对周围世界产生了解。例如，视、听、嗅、味等[3]。《柯林斯高阶英语学习词典》也作出了类似的定义，即"感觉"是指视、听、嗅、味等能力。"感觉"有多种分类，其中"精神感觉"是与"感知"是息息相关的。根据《中国语言百科全书》中的解释，"精神感觉"被定义为"内在感觉"，因为它是身体内部接受刺激。既然感官是感觉的承载者和实施路径，那么"心脏"和"大脑"就是精神感觉的物质承

---

① Bernstein，D. A. *Essentials of Psychology* [M]. Boston：Cengage Learning，2010：13 - 124.

② Lindsay，P. & Norman，D. A. *Human Information Processing：An Introduction to Psychology* [M]. New York：Academic Press，1977：79.

③ Hornby，A. S. *Oxford Advanced Learner's English-Chinese Dictionary* （6th ed. ） [Z]. Oxford：Oxford University Press，2005：375.

载者①。在感知和感觉的关系中包含三个要素。第一个是刺激，包括其物理特征和心理因素。第二个是接受者，它接收信息并作出相应的反应。第三个是人类器官，与前两个要素一起辅助产生效应。因此，当接受者受到刺激并发出相应的反应时就可以得到感觉。例如，当一首曲子或音乐听入耳朵时，外耳收集声音并传送到神经，这样就出现了听觉。当眼睛受到光亮或风景的刺激便出现了视觉。同样，在听觉和视觉共同的作用下出现了感知。可见，感觉是感知过程中的必不可少的过程和因素。感觉在刺激下，在身体条件和心理因素的共同促进下产生出有效的感知。

Sekuler 和 Blake② 则认为感知是大脑运用感觉收集到的信息来描述物体或事件的生理过程。然而，在 Gregory③ 看来，感知不仅仅是由感知模式而决定，而是不断寻找对现有数据最佳翻译的过程。从上述定义，感知是在外在刺激下，感知觉受到信息加工而形成。从语言学的角度也有很多学者对感知进行了研究。Usoniene④ 认为，最基础原始的感知状态中包含两种基本的参与者，即感知者和被感知者。他们作用于特定的感知关系中并共同辅助语言应用者产生出不同的语言产出。在 Usoniene 的研究中，感知者、被感知者以及两者之间的关系是感知中最基本的三种要素。此外，中国学者林正军⑤就感知者、被感知者以及两者之间的关系进行了分析和研究，在他提出的著名的"感知路径"的概念中就有体现。他解释道，感知路径包含了对感知者、被感知者及两者之间隐形的直线的关系。根据林正军的研究，"把感知者作为原始"的类型中，省略了从感知者到被感知者之间的过程，因此在感知过程中有四个要素，而不是原来的三个，即感知者、被感知者、媒介和刺激。

①　Rint SYBESMA. *Encyclopedia of Chinese Language and Linguistics*（5th ed.）［Z］. Brill Academic Publishers 2006：920.

②　Sekuler, R. & Blake, R. *Perception*［M］. New York：McGraw-Hill, 1994：1.

③　Gregory, R. L. *Eye and Brain：The Psychology of Seeing*［M］. London：Weidenfeld and Nicolson, 1966.

④　Usonience, A. Perception verbs revisited［J］. *Working Papers Lund University Dept of Linguistics*, 1999, 47：211－225.

⑤　林正军. 英语感知动词多义性的研究［D］. 长春：东北师范大学, 2007：47.

2.1 口译方面的相关研究

在国内外，很多学者就口译相关的理论和实践进行了大量的研究。在西方，最为有影响力的学者是丹尼尔·吉尔（Daniel Gile）。在著作《口译和笔译训练中的基本概念和模式》中他提出了"理解公式"。在公式 C＝KL＋ELK＋A 中 C 代表"理解"（comprehension）；KL 代表"语言知识"（knowledge of the language）；ELK 代表"语言学外的知识"（extra-linguistic knowledge）；A 代表"分析"（analysis），值得注意的是公式中的"＝"不是"完全相等"，而是以上几种因素的相互促进得到的结果。此外，公式中的"＋"不等同于数学的符号，是各种因素之间的相互的关系和交流[1]。

吉尔还指出，理解过程是一个复杂的过程，它需要译员准确地接受和理解源语信息，并应用语言学及其他相关知识把信息转换成有效的目的语信息，使得听者容易理解。可见，口译过程中译员是否能够成功分配好精力对于口译效果起着至关重要的作用。Ashcraft[2]认为，注意力是一种集中努力、精力和资源的心理过程。因而，在一个人同时做多种事情的情况下，如果精力得不到公平的分配，那么实践效益会受到影响或者以失败告终。以口译过程为例，如果译员过分侧重听取和记录源语信息，而忽略了语篇的主要观点，那么口译结果必然得不到满意的结果。此外，Kahnman[3]辩解道，一个人所能承担的心理工作是有限的。这需要译员把这有限的能力较为均匀地分配到不同的工作中，以保证口译的有效产出。著名学者 Neisser 和 Becklen[4]就口译过程中的记忆力分散方面进行了实验。结果发现，如果一个人集中在一种信息流上，那么他不可能有精力去处理另一种与之无关的或者不同的信息流。这就导致了同时进行的活动很有可能相互干扰。此外，心理学家还发现，人类的心理机制同时可以应用到同时进行的两种活动中，但是它们都会受到相互的影响和干扰。这种现象也叫做"注意力的分散"。

① Gile，D. *Basic Concepts and Models for Interpreter and Translator Training* [M]. Amsterdam and Philadelphia：Benjamins，1995：52.

② Ashcraft，M. H. *Cognition* [M]. Englewood：Prentice Hall，2005.

③ Kahnman，D. *Attention and Efforts* [M]. Englewood Cliffs Nj：Prentice-Hall，1973：129.

④ Neisser，U. & Becklen，R. Selective Looking：Attending to Visually Specified Events [J]. *Cognitive Psychology*，1975，7（4）：480-494.

在口译过程中，译员听取和分析源语信息的同时要在目标语中找寻相应的逻辑、结构和句子模式，把源语转换成有效的目的语。

在著作《口译和笔译训练中的基本概念和模式》中，Gile 提出了"吉尔模式"，它通过观察口译过程来进行认知心理学的研究。译员在口译时往往会遇到信息的储备和在有限的信息加工能力下的信息加工之间的矛盾。那么怎么处理这个问题？这是吉尔模型中需要处理的关键问题，也是本文的关键点。根据吉尔[①]的论述，他的这一模型中包含了两个主要的思想。即：

（1）口译消耗译员有限的精神精力。

（2）如果口译过程耗尽了译员所有甚至更多的信息加工能力，那么结果将是失败的。

这里所指的"精神精力"就是译员的信息加工能力。这里的"Effort"是在口译过程中参与的各类活动，每一种活动都需要相应的信息加工能力。所以在口译过程中，这些信息加工能力将会被有意识或无意识地被分配到这些活动中来完成特定的任务。如果在此过程中出现分配不均匀的情况，那么口译就无法达到预期的效果。除了以上尝试外，很多学者对口译过程中的认知因素进行了大量的研究。近几年，随着口译研究的深入，口译认知研究从原来纯粹的心理语言学角度转到认知及认知语用上。Grever[②] 和 Moser[③] 基于"流程图"模式从心理语言学的角度分析了口译。其中 Grever 的模型侧重记忆系统在同声传译中的作用，而 Moser 的模型侧重于口译中的感知层面。

在国内，关于口语理论和口译实用技巧方面的研究也是层出不穷。其中杨晓华[④]详细地分析了吉尔模型中的三个组成部分并重点研究译员语言学之外的知识对口译产出的影响。李学兵[⑤]分析吉尔提出的"理解公式"，指出了译员在口译过程

① Gile，D. *Basic Concepts and Models for Interpreter and Translator Training* [M]. Amsterdam and Philadelphia：Benjamins，1995：161.

② Grever，D. Empirical Studies of Simultaneous Interpretation：A Review and A Model [A]. In Brislin，R. W. （Ed.）*Translation：Applications and Research* [C]. New York：Gardner Press，1976：165 – 207.

③ Moser，B. *Simultaneous Interpretation：A Hypothetical Model and Its Practical Application* [M]. New York：Plenum，1978：353 – 368.

④ 杨晓华. 即席口译的理解过程 [J]. 西安外国语大学学报，2003，11（1）：82 – 84.

⑤ 李学兵. 口译过程中影响理解的因素及理解能力的培训策略 [J]. 外语教学，2005，26（3）：85 – 89.

中遇到的限制和困难并提出相应的练习策略。此外，由厦门大学教授林语日与英国威斯敏斯特大学教授杰克罗纳根共同带领的"中英英语项目合作团队"提出了"厦大模式"。这一模式侧重于口译中的分析、理解和技巧与专业性的重组之间的结合。这同时也是口译工作成功的关键因素。可见，我国在口译方面的研究可谓硕果累累，然而还是远远不及西方国家在此方面的成就，我们还有较为长远的路需要走。

　　口译是一种语言交流过程。译员听到并分析源语，然后同时或交互地转换成目标语的语言符号和信息①。可见，口译是一个复杂的过程，它不仅需要译员拥有扎实的语言和文化知识，还需要译员有较强的心理能力和精力分配能力。本文从源语信息输入中的感知机制、语言理解中的感知机制和目的语输出中的感知机制等三个方面进行研究。

2.2　源语输入和记忆

　　听是口译过程中不可或缺的重要部分。在口译过程中，源语信息通过译员的听觉系统进入神经系统，并将输入符号作为感觉记忆储存。因此，感觉记忆是口译员在信息加工过程中的第一个环节，它对译员的记忆和对源语的理解等方面都会产生举足轻重的影响。根据记忆保持时间长短的不同，可分为瞬时记忆、短时记忆和长时记忆。瞬时记忆是极为短暂的记忆，保持时间在 0.25—2 秒之间，其信息容量较大；通过感官向内输入的信息都是先由瞬时记忆加以保存的。短时记忆保持的时间约在 1 分钟，口译活动基本上属于即时和短时记忆的应用②。虽然感觉信息在记忆中保存的时间较为短暂，但它为接下来的信息加工提供了宝贵的"第一手资料"，对更高层面的感知活动具有举足轻重的作用。尽管口译中听觉记忆起着关键的作用，但视觉记忆也不可忽视。观察讲话者的表情、手势和其他肢体动作有助于译员生动地记忆源语信息，以此延长短时记忆在译员大脑中存留的时间。另一方面，在相关感情色彩的润色和辅助下，翻译产出也会让人耳目一新，让听者更活灵活现地捕捉所接收到的信息。在口译信息加工过程中，感觉首先捕捉到信息。然而由于受到外部环境和译员本身心理因素等各种影响和作用，

---

① 桂诗春. 语用和记忆 [J]. 语言文字应用，2000 (1)：63 - 71.
② 尹德谟. 口译信息加工心理机制探究 [J]. 南通纺织职业技术学院报，2013，13 (1)：40 - 41.

译员接收到的感觉信息内容繁杂。这就需要译员有选择性地去接收信息，去粗取精，抓住关键主线，辅助相关信息。有意识或无意识地辨认和选择源语信息，对于译员来说至关重要。选择有关信息的过程叫做选择性感知，也就是"注意"。凡是注意到的东西就会进入短时记忆进行加工，不注意到的东西随即丧失[①]。因此，译员在翻译时需要记住源语的关键词或关键句，抓住语篇核心思想，围绕这一线索进行顺藤摸瓜，嫁接细节，使产出的目的语能够容易被理解。

口译是一种不同语言之间的口头交流方式，但它与日常生活中的非正式的交流方式是截然不同的。首先，从语言学角度分析，口译很少应用长难句和复杂的语法结构。基本都用常用的词汇产出简单易懂的句型来表达，而且语序和目的语需要一致。其次，从译员的角度看，口译要求译员不仅要有扎实的源语和目的语的语言学能力，还要对其文化背景有较为充分的了解。此外，不同于随意的交流场合，口译活动较为正式，这无形中给译员带来相应的心理压力。口译虽然是一种较为正式的语言交流，但译员不能也不可能把源语信息按原意和原句子结构生搬硬套，而是对源语信息进行认真地评估、过滤和重组后用适合目标语的语篇和句子结构表达出去，实现两种语言之间的有效沟通和交流。显而易见，口译中，译员在翻译时不仅要注重源语和目的语之间的语言层面，更要注重其中的大意和关键信息。

2.3　语言理解中的感知机制

语言理解是从语言表层构建深层意义的积极的心理加工过程。在口译中，译员通过听觉接受来自讲话人的源语信息，然后由外耳传送到神经系统中。由大脑来负责在已储备的心理词库中搜寻适合的词汇意义，然后在经过句法和语用等语法方面的分析后获得句子或概念。最后经过语言、文化和其他相关知识才能达到语言的产出。这一过程中，译员不仅要依靠扎实的语言和文化知识结构、认知能力，还要依赖内心的心理图式。显而易见，语言产出源于语言理解，它所涉及的核心问题是如何在理解说话人话语的基础上制定言语产生计划，并通过构拟内部言语来实现这一计划。言语产生大致经历了构建、转换和执行等心理过程。构建指说话人对意欲表达的思想、概念、信息的计划或准备；转换指说话人将业已计

---

① 桂诗春．语用和记忆［J］．语言文字应用，2000（1）：63-71.

划好的深层思想转变为具体语言，其结果是形成内部语言；执行是指内部语言的外化或具体实施，其结果是形成外部语言。双语翻译中的译语产生同样经过构建、转换、执行等心理阶段，有所不同的是它不再用同一种语言（即说话人的语言）完成"由里及表"的转换，且其转换、执行的结果当然也是内部语言和外部语言的形成（尽管皆为外语）①。1982 年 Mac Whinney 和他的同事 E. Sates 等人提出了著名的竞争模式。此模式视语言加工为一系列语言形式之间的竞争，如词汇、语音、句法等语言形式之间的竞争，它反映了句子理解时同时加工的多种语言线索相互竞争和聚合的过程。竞争模式非常重视语言能力和语言表现，其目的在于了解人的语言行为，包括其语言理解、语言产生和语言发展。竞争模式的倡导者认为任何一种语言形式对应多项功能，任何一项语言功能也可由多种语言形式实现，而学习者的任务就是找出目的语中形式与功能之间的匹配②。

由此可见，语言理解是语言产出的前提和储备，它为接下来的语言的产出提供了充足的"一手"资源和时间。在口译信息加工过程中，语言的理解需要克服包括各种感觉、感知和认知等方面的因素，由表及里、由内到外地加工源语信息，然后在大脑中形成目的语相应的表达、概念和意义。

2.4　语言产出中的感知机制

语言信息加工的结果和目的都是语言的产出，即产出源语在目的语中相对应的句子结构、概念和意义，以保证两种语言之间的思想的一致。因此，目的语的生成过程也是思想代码至语言代码的转换过程。首先说话者把自己想要表达的意思或概念用自己的语言进行编码，形成语义体系。然后译者通过听觉接受说话者的语言编码，用自己的语言和知识储备在大脑中进行解码，随后就在大脑寻找符合目的语的框架、语义和结构进行语言代码的转换并产出了目的语，即目的语语音的生成。译者完成目的语思想转化为语言表达形成后，就必须把转化后的译语结构或译语信息从大脑发送到发音器官，并使发音器官选择运动指令、执行运动指令，产生动作，直至发出目的语的语言声音。以下面的口译资料为例：

SL: 渔业。中国渔业经济保持平衡发展态势，全国水产品总产量为

---

① 桂诗春. 语用和记忆 [J]. 语言文字应用，2000 (1)：63 - 71.
② 尹德谟. 口译信息加工心理机制探究 [J]. 南通纺织职业技术学院学报，2013，13 (1)：40 - 41.

4 279万吨，产值2 807.7亿元。水产养殖快速发展，渔业法律法规体系建设取得重大突破，出口势头强劲，国际合作进一步加强。

TL: Fisheries. The fishing economy in China has maintained its balanced development. The total production of aquatic products stands at 42. 79 million tons, worth over 280 billion yuan. Marine farming is developing well. There have been major breakthroughs in laws and regulations in the fishing industry. Our export are strong. So is our international cooperation.

从以上例子可以看出有以下几个特点：1）句子简短，遵循了从上到下的顺译结构。当"渔业"这一词进入译员听觉后快速刺激神经细胞并快速在心理词库中寻找到了"Fisheries"，简洁明了，一目了然。2）在解码源语信息时，译员经过感觉—感知—认知的过程。尤其例文中的数字翻译给译员带来挑战。译员先听取这些数字，然后经过心理图式和已有的知识储备进行解码，为中文的"万"和"亿元"在心理语料库中搜寻对应的词汇和表达，随后获得了认知并最终成功地生成目的语的语法结构和表达方式。3）在目的语产出时，由于源语和目的语表达不同，有时需要作出灵活的反应。在例文中最后两句"出口势头强劲"和"国际合作进一步加强"在中文中是并列的两个意思，但其表达的中心意思都是"得到了加强"，因此，在英语中为了避免重复把这两句变为复合句的解构，形成"Our export are strong. So is our international cooperation"。可见，在口译过程中，译员不仅要有扎实的语言功底和储备，还要更灵活地反映源语信息，这样才能做到成功的目的语产出。

3. 结语

随着全球化的潮流，各国之间、各种文化之间的交叉和交流变得日益频繁。口译在这种背景下应运而生，在不同文化语言之间充当中介的作用。发展至今，它从一个翻译工具演变成一门供各国学者研究学习的学科领域。研究者们运用语言学、心理学、符号学、医学等各类角度去分析和研究口译，以不断揭示口译的运作机制和内在规律。口译信息加工过程复杂，其中包括感知和认知在内的心理机制起着举足轻重的作用。"译者完成的转换过程，它是译者的心理运作过程，是在上一个过程基础上综合思考，重返准确理解原文的句法结构、语义、语用、修辞、文本等特征，之后将这些转换成中间语言形态，然后再将中间语言形态转换成译文。在这个转换过程中，译文的表述要受到来自原文及其相关因素、译者个人以及译文的社会文化系统诸因素的影响和制约"①。

　　总之，口译不只是一个简单的语言转换的过程。它不仅需要译员充实的语言储备，更需要译员经过复杂的感觉—感知—认知等过程解码源语信息，最终成功产出作品。因此，译员口译实践的提高和口译理论的发展还需要学者们大量的研究和探索。

第二节　口译理解过程：自上而下和自下而上

1. 导论

　　塞莱斯科维奇在其著作《口译技艺》中指出口译的过程可以划分为三个阶段：听到带有一定含义的语言声；记住原话所表达的思想内容；用译成语说出新话。口译也可以分为语言信号的输入、语言信号的处理和语言信号的输出三大环节。作为一种交际活动，口译中的信息主要是通过听来获取的。因此，口译过程的第一环节就涉及听辨能力，听懂是口译的关键步骤，译员的听力水平是口译成功的基础。事实上，在基础口译的学习阶段，译者的听辨理解能力往往是口译学习的一个瓶颈，听辨能力的好坏是能否成为合格译员的首要标准。

　　口译活动不同于其他语言交流或者语言测试，这也决定了口译听辨与普通英语听力理解有着非常重要的区别。"听辨"（listening and analyzing）不仅要"听"，以良好的听力水平为基础，还要"辨"，即对信息的理解、分析和加工。"听辨"是口译过程中的第一阶段。在这个过程中，我们接收到的是源语信息，并通过种种分析手段把接收到的信息纳入我们的理解范畴，以便储存和输出。口

---

① 刘绍龙. 翻译心理学［M］. 武汉：武汉大学出版社，2007：32-40.

译的成败在很大程度上取决于听辨过程。从听辨过程与听力训练的区别来看：

（一）普通英语听力训练侧重于语言层面，即听者需注意语音、语调及语言表达方式和用法，压力责任小；相比之下，译员在听辨过程中要注意的是意思，是发言人的意图，而非具体词句表达。因此，译员需要在头脑中形成具有逻辑关系的语意整体，对单词进行简单集合是绝对不可取的，译员的责任压力也比较大。

（二）普通英语听力训练中，听者主要启动听力系统，理解则是根据题目的要求而被动附带的过程；译员不仅要启动听力系统，还要启动大脑的理解分析机制和记忆机制，即边听、边分析理解、边记忆，以顺利准确地传达发言者意图。因此，译员较之英语专业听者而言，具有更强的分析力，并且还要"一心多用"。

（三）普通英语听力训练材料具可控性（语速、难点、知识面等），口译中的听辨内容不可控，发言人随时都有可能加入新的内容。

（四）普通英语听力训练材料信息清晰，多为标准音（英式或美式英语），杂音干扰较少；译员所处的工作环境为现场型（译员多与发言人，听众处在同一场合），不确定因素甚多：口译现场人多嘈杂会对译员的听力造成影响；发言人有浓重的"非标准"英语口音或是使用的词汇过于生僻；译员本身对于与任务相关的语言外知识准备不充分等，这些都会造成译员的信息缺失。再者，发言人是以交流为唯一的目的，大多情况之下，讲话过程中他们极少会顾及或考虑到译员的状态。

综合以上来看，口译听辨是一个复杂的认知过程，不仅与听力技巧、熟练程度、语言知识有关，而且与抽象思维、信息理解等有着密切联系，因此，本节主要研究从口译信息理解过程来探索如何提高口译听辨能力。

2. 文献综述

Richards 提出三种听力理解过程模式："自下而上"模式（bottom up）、"自上而下"模式（top down）和"交互"模式（interaction）[①]。"自下而上"模式把语篇切分成若干可识别成分，按照"音素—词—短语—句子—语篇"的线性顺

① Richards，E. Suggestions for Bottom-up Design of Online Programs [J]. *Techtrends*，2006，50 (4)：28 - 34.

序加工语篇信息。"自上而下"模式强调听者根据先前知识预测、推断、筛选、吸收或同化输入信息。"交互"模式则综合利用上述两种模式加工信息。

国内外关于听力过程模式策略在听力教学中的应用实证研究取得了不少颇具价值的成果。Peterson[1] 通过实验发现不成功的听者主要依赖一种信息加工模式，而成功的听者会综合使用"自下而上"和"自上而下"两种模式。Vandergrift 分析了"自下而上"和"自上而下"两种模式各自的特点，指出二者可以交互合作，共同促进听者的信息理解。Rost 指出"自上而下"模式依赖"自下而上"模式获得的信息来处理听力语料。Vandergrift[2][3]、Chamot[4] 通过实验发现不熟练的听者倾向于利用"词—词"翻译法加工信息，而熟练的听者能够充分利用"自上而下"模式的优势。Underwood[5]，Doff & Christopher[6]，Sharma[7]，Piolat[8]，St. hr（2009）[9] 分析了听者在听力过程中遇到的障碍及其原因。Ghoneim[10] 研究了听力水平较高者和中等水平听者在听力过程中遇到的障碍与解决策略，发现二者遇到的障碍相同，但是百分比不同，而且前者更倾向于使用"自上而下"模式解决障碍。

---

① Peterson，P. Skills and Strategies for Proficiency Listening [A]. In Celce-Murcia M （ed.）. *Teaching English as a Second or Foreign Language* [C]. Boston：Heinle & Heinle，2001：87 - 100.

② Vandergrift，L. Orchestrating Strategy Use：Toward A Model of the Skilled Second Language Listener [J]. *Language Learning*，2003a（3）：463 - 496.

③ Vandergrift，L. From Predicting through Reflection：Guiding Students through the Process of Listening [J]. *Canadian Modern Language Review*，2003b（3）：425 - 440.

④ Chomt，A. U. Language Learning Strategy Instruction：Current Issues and Research [J]. *Annual Review of Applied Linguistics*，2005（25）：98 - 111.

⑤ Underwood，M. *Teaching Listening* [M]. New York：Longman Inc.，1989.

⑥ Doff，A & Christopher，J. *Language in Use：Upper Intermediate Classroom Book* [M]. New Delhi：Foundations Books Pvt.，Ltd.，2004.

⑦ Sharma，D. The Art of Communication [J]. *The Journal of English Language Teaching*（India），2006（5）：41 - 43.

⑧ Piolat，A. Fluency and Cognitive Effort during First-and second-language Note-Taking and Writing by Undergraduate Students [J]. *European Psychologist*，2008（2）：114 - 125.

⑨ Stæhr，L. S. Vocabulary Knowledge and Advanced Listening Comprehension in English as a Foreign Language [J]. *Stuides in Second Language Acquisition*，2009（31）：577 - 607.

⑩ Ghoneim，N. M. The Listening Comprehension Strategies Used by College Students to Cope with the Aural Problems in EFL Classes：An analytical study [J]. *English Language Teaching*，2013（6）：100 - 112.

　　国内学者杨茜①、田星②、杨森林③和贺玲④分析了英语听力过程中的常见障碍，并提出了相应的解决策略。徐锦芬和李斑斑⑤分析了听者英语听力风格及其对短文听力理解水平的影响，发现听力风格会影响听者的短文听力理解水平，不同听力风格的听者在理解短文的全局性和细节性问题方面存在显著性差异。

　　总体来看，上述研究对三种听力过程模式有了较好的分析和比较，但没有重点关注各种模式在具体听辨学习中的实际效用。为此，本文主要探讨如何利用不同听力过程模式对信息理解的作用，提高学习者的口译听辨能力。

3. 提高口译听辨的方法

　　听辨是一个复杂的过程，要求听者根据自己的语言知识和非语言知识不断加工输入信息。从听力信息理解过程来看，"自下而上"（bottom up）模式更多要求的是听者的语言基础，而"自上而下"（top down）模式则更多属于非语言方面的，理解听力材料需要听者具备社会生活、政治、经济、文化等相关知识，尤其强调培养听者的文化洞察力和敏感度，两种模式共同发挥作用则为"交互法"（interaction）。

　　具体说来，自下而上是指侧重听力材料本身，通过听声音，把声音演化为单词、从句、句子以至段落，之后运用句法、语法规则，把听到的讲话者声音要表达的意思解读出来的过程。这里的"下"是指把声波来源作为基础，"上"是指对听力材料要表达意思的理解。这种方法要求听者对英语的发音规则以及发音变化规律有一定的了解，在很大程度上，听者的词汇量的多少是能否听懂材料的关键，比较适合初学者。自上而下正好相反，是指运用背景知识和大脑中已有的知识，通过对听力材料要讲的内容进行提前判断、预测来推断讲话者即将表达的意思。这种方法要求听者具有一定程度的英语文化背景知识，对听者语言综合能力

① 杨茜. 大学英语听力教学的探索与实践 [J]. 外语界，(2): 58-60.
② 田星. 元认知与外语听力教学 [J]. 四川外语学院学报，2003 (11): 139-142.
③ 杨森林. 英语听力理解的主要障碍及对策 [J]. 海南大学学报，2003 (1): 115-120.
④ 贺玲. 大学英语听力障碍及其对策 [J]. 安庆师范学院学报，(2): 118-121.
⑤ 徐锦芬，李斑斑. 大学生英语听力风格及其对短文听力理解水平的影响 [J]. 外语教学与研究，2009 (3): 186-192.

要求比较高，更适合高水平的英语学习者。由于"自上而下"可以保证交流的流畅，不会因为个别单词的不理解，或者个别音听不清楚，而影响对说话者要表达意思的总体理解，更符合语言交流实际发生的规律的方式。以下，基于对bottom up、top down 和 interaction 的分析，提出提高口译听辨能力的方法：

（一）注重词汇习得和记忆的完整性（自下而上）

在言语理解的认知过程中，语言学习者根据已有的知识经验对语言输入进行感知、领会、摄入与综合。当前输入的言语信息要与记忆中所存储的有关信息相整合，才能得到理解。如果缺乏有关信息或者未能激活记忆中的有关信息，就不能或难于实现对言语的理解，更不用说用译语来进行再创造了。

如果学习者不曾朗读过一个词，那么在他的认知结构中就不会存有该词的声音资料，他也就不可能迅速准确地把听力材料中所感知到的内容与认知结构中的相关资料（包括该词的文字符号和意义部分）相互联系，自然也就无法判断它的思想内涵，理解上下文的信息含义。因此，词汇记忆必须重视其完整性，学习者认知结构中的信息储备必须音、形、义兼备。有的听者觉得自己词汇量不小，但是在听音时总会卡壳，究其根源就是长期养成的音、形、义分离的词汇学习方法。口译要求听者具有把听到的词、词组或句子记住并迅速加工成意群然后作为一个意义整体记存起来，最后用译语进行信息切换的能力。这要求口译人员适应英语的语流，善于对连贯的英语表达作出快速反应，捕捉其大意。英语单词的音、形、义是相互依赖的整体，所以在习得词汇时一定要多种感觉器官一起参与，加强对大脑的刺激，提高记忆活动的效率，为快速听音过程中的准确理解奠定基础。

（二）注重语言类知识的训练和强化（自下而上）

提高听辨效率，需要在认知语境中建构坚实的语言基础，包括辨音能力的提高和各类语篇结构的掌握。

同一种语言在不同地区和不同人群中的使用会产生不同的变体，如口音和用词的变化等等。译员如果单纯从教科书中获取辨音素材，得到的往往是在清晰的背景中的异常单纯的语言表现，而在真实口译活动中，语流是在嘈杂的背景中并不完全清晰地呈现的。因此，缺乏对同一语言的不同口音、不同语法、不同音质、不同用词、不同表述习惯的接触训练，译员将无法在短时间内正确辨音解码，也就无法获得或者偏离源语言讲话人的真实意图，影响交际效果。通过在译前训练和准备阶段，对口译员进行辨音的强化训练，可以提高感官和大脑对语言变体的识别，缩短用于辨音的能量和时间，为推理拓展了足够的能量和时间，从而使听辨效果提高。

在构建口译认知语境过程中，对源语言讲话人所运用的语篇结构的熟悉程度也对口译听辨效果产生影响。在口译交际过程中，源语言讲话人根据不同的场合和题材要求，会采用多样的语篇结构进行表述，包括介绍类、论证类、陈述类、说服类、访谈类等等。不同的语体有不同的语篇结构，表述过程中的逻辑顺序和侧重点也不尽相同。口译员在训练和准备过程中，熟悉各种语体语篇的结构，在实际听辨过程中可以轻松把握不同语体的逻辑脉络，对于捕捉关键信息、抓住讲话人思路很有帮助，从而减少对冗余信息解码的时间或者不解码此类信息，降低大脑对此类信息的存储，转而获得更多联想推理的时间和能量，提高听辨效果。

（三）注重非语言类的文化背景知识的积累（自上而下）

译员要匹配出符合源语言讲话人真实意图的最佳关联，还需要在自我认知语境中大量地丰富语言外知识，包括百科知识积累和译前针对性的主题知识掌握。口译交际过程中的题材广泛，涉及政治、经济、文化、社会、法律、民俗等各个方面的知识。口译员需要在日常训练中积累丰富的百科知识，以备不时之需。

在听辨过程中，口译员面对不同题材以及讲话人的旁征博引，需要从自身认知语境中提取大量对应假设，在短时间内做出最佳选择，使推断出的关联最大程度地接近源语言讲话人的真实意图，从而获得更充足的交际意图。因此，译员需要有意识地学习中西方文化，包括政治、文学、历史、哲学和宗教文化的学习，同时，了解国内外政治、经济、科技、文化等热点问题，关注欧美主要报纸和新闻媒体，关心时政要闻，养成每日读报、听新闻的习惯，日积月累，从语言方面以及文化积累方面都能得到很大的飞跃。例如朱镕基曾在记者招待会上说道"只要我活着，还有一口气，我就要为人民鞠躬尽瘁、死而后已"，外交部高级翻译朱丹结合语境，译为：whatever forward, land mines or bottomless chasm, I would proceed without hesitation and bend back to the task until the dying day，非常贴切。

译员面对的文化差异问题是一个直接影响交际效果的现实问题，具体来讲，英汉口译中造成文化差异的原因主要来自三个方面：民族习俗、文化沉积、思维模式。

（1）民族习俗。民族习俗是指一个民族在某一个方面的独特生活习惯或社会习惯。口译员需根据具体情况作出相应的调整，否则会造成误解或用语失误。例如，在中方盛情接待来访外方代表之后，外方代表表示感谢，中方表示"哪里，这是我应该做的"，这属于中国人传统的委婉含蓄的表达，如果直译出"应该"，就会让外方产生"只是出于工作需要才这么对待你们"的误解。这种情况之下，最合适的翻译，莫过于"With please/It is my pleasure"，更加有利于意思传递。

（2）文化沉积。文化沉积指的是各民族语言在长期使用过程中产生大量的惯用词语（包括成语、谚语、格言、俚语、俗语、歇后语等）。如果译员对文化没有相应的认识和了解，将会影响其对语言的深入理解和恰当运用。例如，美国总统奥巴马在其第一任就职演说中提到一句：…The time has come to "set aside childish things"，其中 set aside childish things 就出自《圣经》（哥林多前书 13：11）；再者，Catch - 22（《第二十二条军规》）是一部美国的经典小说，现代英语中，该小说名字已用作一个独立的单词，用于形容任何自相矛盾、不合逻辑规定或条件引起的无法脱身的困境；以及 one's pound of flesh 出自《威尼斯商人》，成为了习语，指"分文不少的债务；虽合法但不合理的要求"。当然，当代社会的政治、经济、文化、科技等领域几乎时时都在产生新概念、新词汇、新事物，译员需时刻充盈自己的词汇并保持对一切事物的求知欲，才能使口译译得清楚、译得明白。同样，具有中国特色的英语词汇也是不胜枚举，诸如"三个代表""四个现代化""四个坚持""四个全面"等，在翻译时，口译员也必须向外国人就这类词语的内涵加以解释，否则达不到交际目的。

（3）思维模式。不同的国家民族不仅有不同的文化，而且也有各自的思维方式及思维特征。由于思维模式上的差异，中英两种语言在语序上的安排就有所不同了。汉语句子语序以逻辑为序，往往先因后果，先假设后推论，先叙事后表态，先说以前发生的事，再说最近发生的事。而英语因其丰富的词汇，多变的时态、句态，可按意思和结构的需要，进行灵活安排，并且英语叙事的顺序通常是最近发生的事情先说，以前发生的事后说，新闻英语的一大特点，即为倒金字塔式。在翻译中译员也需注意这一点。

4. 结论

本节结合理论加实例阐述了基于三种听力模式的信息理解过程来探索如何提高口译听辨能力。其中，注重词汇和记忆的完整性、强化语言类知识的训练是基于"自下而上"的听力模式，奠定口译听辨的词汇、语音基础，而注重非语言类的文化背景知识的积累是基于"自上而下"的听力模式，提高口译听辨的宏观把握、合理预测和综合判断的能力。实践中需要结合此二模式，形成交互式的口译听辨。笔者认为，译员或听者更重要的是积累文化背景知识，强化"自上而下"的信息理解模式，才能不断提高口译听辨能力，在口译中做到得心应手。

第三节 口译信息感知的方式

1. 引言

口译是两个语言之间的转译。译员主要通过耳朵获取信息。所以对译员来说，听觉感知很重要。但许多研究显示，感知是一个整合性的过程。其实，如果没有语义理解，你无法处理信息。本节以听觉感知、视觉感知和域下感知为对象，对口译最初步的信息处理方式来进行梳理资料的分析，并决定根据哪一个获取资料是最为认可的口译信息感知方式。

2. 概念解释

感知指的是通过感官获取的环境信息，分为视觉、听觉、触觉等。感知不仅仅是被动的吸取信息的活动，而是涉及积极的信息处理、注意力、记忆力、预测和学习。感知包括两个部分，即感觉过程和知觉过程。感觉过程主要是对输入的信息进行有组织的处理，知觉过程则要把获取的信息和以前的信息做比较和判断，理解事物的存在形式并做出预测。感知往往是下意识的，同时也会受到人的知识、经验、情绪、态度等因素的影响和制约，表现出一致性、整体性、选择性和理解性等特征。依据感觉器官的不同，可以将感知分为听觉感知、视觉感知和域下感知。

听觉感知指的是通过经由空气或其他方式传输的可通过频率波来接收和解释到达耳朵的信息的过程。视觉感知指的是视觉器官眼睛（或眼球）通过接收及聚合光线，获得对物体的影像，然后将接收到的信息传送至大脑进行分析，以生成思想或行为的反应。而域下感知则是指以语义为途径获取信息，也就是将信息翻译或转化为语义表征，进而获得感知。但是，具体而言，域下感知究竟为何？目前学界尚无明确定论。如果感知的定义是通过感官获取的信息，那么域下感知的感官是什么？难道域下感知是另外一个加工，所有感知的一部分？或者域下感知指的是超感知觉吗？也有一些研究者认为，人类有一种共同的神话存储。不过问题是，每个文明都有自己的文化存储，所以它是不是属于文化语境，因而不属于感知范围，对此还有待商榷。综合众多学者的观点，在本研究中，笔者假定域下感知指的是语义信息的加工功能。

在口译过程中，同声传译者需要同时进行三个任务：聆听、信息处理和发言，而交替传译者也需要同时聆听和处理消息。那么，对于口译信息感知过程而言，听觉感知、视觉感知以及域下感知是如何发挥作用，帮助口译任务顺利完成呢？在下文中，我们将对口译信息的感知方式进行具体分析。

3. 相关研究内容

许多研究的目的是提高译员的转译能力，研究对象往往是双语者或学生。大多数是从认知加工方面入手，并且觉得转译的问题不在于语言方面，而更多是大脑处理的问题，如杨梅（2007）[①]。内容包括认知学科对感知信息处理的研究，如大脑半球化对信息处理的影响、信息分组加工、信息处理的并行性、音位信号研究、背景知识和预测对感知的影响等。理论方面的应用包括机动理论（motor theory）、关联理论（relevance theory）、审美反映

---

① 杨梅. 从认知角度看同声传译译员误译的原因 [J]. 四川外语学院学报，2007（3）：121 - 125.

理论（*theory of esthetic response*）① 和 Eugene Nida 的动态对等理论（theory of dynamic equivalence）、映射理论（mapping theory）、图式理论（schema theory）、多模态理论（multimodal theory）等。

3.1 大脑半球化或者并行化

如下是许明对口译信息处理过程的认知机制的解释。他指出，从心理学的角度来看，口译是一个信息处理过程，目前学界对口译信息处理主要存在两种看法：第一是因为大脑半球化，所以信息处理是分开的；第二是由于口译过程中双重甚至多重任务的共时性，要求译员需要具备同一时间内完成两个或多个任务的能力，也就是说，译员能够对不同的共时信息进行并行处理②。但对于输入信息并行处理的认知机制和它们的作用方式，学者们还存在较大分歧。

Lambert（1988）③ 发现："职业译员在语言输入过程中表现出来的左耳的优越性与注意机制的相关功能和译员大脑左右两半球的功能侧化有关。在同声传译中，左耳在语言录入上表现出来的优势在由第一外语向母语翻译的过程中表现得很明显"。这种现象意味着人脑的右半球在同声传译中很活跃。他认为译员用左边耳朵通过右半球途径来分开进行听取、理解和存储信息。Deutsch 和 Deutsch 以及 Norman 都主张"两个共时输入的信息可以在所有的感知分析层面进行"，但是"信息是否进入意识或筛选层次是由一个瓶颈来控制和决定的"。背景信息或者别的因素对任务承担有影响，影响口译效果。另外依据 Broadbent 的信息过滤理论，"两个共时输入的信息可以按序依次在非过滤状态下在所有感觉录入系统内得到处理"。Neisser 与前者不同，他认为信息的并行处理是在预注意层面自动进行的。Gile（1997）④ 认为，笔记打扰了聆听和分析加工，译员并不总是能够再生所有的细节信息，通过译员所实现的信息交际也经常是部分的、有限的。这说明并行处理是不可能的吗？对此，Gile 对不同口译交际环境下的信息和信息

① El'konin, B. D. & Vygotsky, L. S. Symbolic Mediation and Joint Action [J]. *Journal of Russian & East European Psychology*，2001, 39 (4)：9 - 19.

② 许明. 西方口译认知研究概述 [J]. 中国翻译，2008 (1)：16 - 21.

③ Lambert，S. Information Processing among Conference Interpreters [J]. *Meta*，1988 (3)：377.

④ Gile，D. Conference Interpreting as a Cognitive Management Problem [A]. Pöchhacker & Shlesinger (ed.). The Interpreting Studies Reader [C]. 1997：163 - 176.

流进行了区分，以帮助译员高效率处理介入信息，完成翻译任务。但这一信息分流处理的渠道研究尚不够系统、完善，与之相关的认知机制研究还有待进一步深入。

Laura Bertone（2008①）也认为，译员进行传译的时候有两种认知机制在同时发挥作用：共时认知轴包括语言外在的因素，如发言者的表现和幻灯片等，而历时认知轴把现场的认知和记忆中相关的认知信息联系起来。两个机制的同时作用引发了语义意思。Bertone（2009②）觉得传译的意义不仅依靠听觉，更多的构成于整个现场的信息，包括礼仪。这个现场构成域下感知吗？然后这个域下感知可以从人类共同的虚拟文库得到知识？还是域下感知发生在记忆力和所有感知之间？译员的逻辑思维需要很强，因为当他的感知失败了，他可以分析整体的逻辑性并从忽略的地方推断相应的词库。

Newman-Norlund（2006③）等的研究是关于在第二语言学习过程中的视觉和听觉加工的解剖基板（anatomical substrates）。研究显示，人用同样的大脑部分来习得第二语言，跟母语并没有区别。研究也显示，无论是视觉还是听觉示意，都不表现一侧化。Serhiy Zasyekin（2010④）的研究是关于翻译作为神经语言学现象。他从 Paivio⑤ 的双解码理论（dual code hypothesis）入手，在处理信息的过程中，翻译者同时用两个代码，语言逻辑代码和具体想象代码。感知的二元性是由于大脑的半球而产生的。Sperry 和 Lotman 研究半球信息处理加工。根据 Zasyekin 的研究，目前有两个关于现实本质的假设，一个是 Reichenbach 熵性的、线性的、因果性的时间。另外一个假设是，现实有了另外一个时间维度，就是语义维度，其中储存的是人类的神话意识。Lev Vygotsky 的审美反映理论

① Bertone，L. E. *The Hidden Side of Babel*：*Unveiling Cognition*，*Intelligence and Sense Through Simultaneous Interpretation* [M]. Beijing：Beijing Foreign Language Teaching and Research Press，2008.

② 仲伟合. 巴比塔隐蔽的一面——通过同声传译揭开认知、智力和感知的面纱 [J]. 中国翻译，2009 (3)：36－40.

③ Newman-Norlund，R. D.，Frey，S. H.，Petitto，L-A，& Grafton. S. T. Anatomical Substrates of Visual and Auditory Miniature Second-language Learning [J/OL]. *Journal of Cognitive Neuroscience*，2006 (12)：1984－1997.

④ Zasyekin，S. Translation as a Psycholinguistic Phenomenon [J/OL]. *Journal of Psycholinguistic Research*，2010 (3)：225－234.

⑤ Paivio，A. *Mental Representations*：*A Dual Coding Approach* [M]. New York：Oxford University Press，1986.

（theory of esthetic response）和 Eugene Nida 的动态对等理论（theory of dynamic equivalence）的关于半球化的数据为翻译和传译贡献。传译需要过大认知气力，导致意识的超负荷。因此，根据 Harding 的解释，这样的情况下译员会开始用下意识。

杨梅（2007[①]）的研究是从认知角度来看同声传译的误译。杨梅认为，同声传译误译原因在于非语言方面，集中力分配和记忆以及推理是最重要因素。关于信息处理还有 Lambert，S 的处理假设深度的实验。Pickering，Martin J 和 Garrod，Simon[②] 研究了语言产生和理解的综合理论（integrated theory），他们认为语言产生和理解并不是两个分开的功能，而是同时发生的。他们发现，发言者和理解者用隐蔽模仿和正向建模（covert imitation and forward modeling）来预测信息内容，并用这些预测来检测将来的发言。Lewis，Shevaun N（2013[③]）的研究是关于在语言处理和发展过程中的实用充实。他认为，为了推断正确的意义，最重要的是辨识并评定相应的语义意义。他研究了等级含义（scalar implicature）和附加阅读（parenthetical reading）的产生，认为产生含义的难度在于跟含义有关的上下文信息的紧接。

Seeber，Kilian G 和 Kerzel，Dirk（2012[④]）研究关于同声传译的认知负荷。他们从 Seeber（2011）的分析认知符合模型入手。他们用眸子反映方式来进行实验。研究发现，在非对称结构（Asymmetric structure）中认知负荷增加。另外，在语言语境中存在着减少认知负荷的倾向。Fabbro，F.，Gran 和 L. et B. Gran（1993）的研究是关于同传译员的半球化对于语义和句法成分的影响。许多研究是关于双语者和译员之间的传译能力比较，如 Hamers，F.，Lemieux，J. S. et S.，Lambert（2002）。

① 杨梅. 从认知角度看同声传译译员误译的原因 [J]. 四川外语学院学报，2007（3）：121‐125.

② Pickering，M. J & Garrod，S. An Integrated Theory of Language Production and Comprehension [J]. *Behavior & Brain Sciences*，36（4）：1‐19.

③ Lewis，S. N. *Pragmatic Enrichment in Language Processing and Development* [D]. Washington，D. C.：The University of Maryland，2013.

④ Seeber，K. G.，& Kerzel，D. Cognitive Load in Simultaneous Interpreting：Model Meets Data [J]. *International Journal of Bilingualism*，2012（2）：228‐242.

3.2 口译信息的听觉感知研究

认知心理学家 A. W. 艾利斯和 A. W. 杨 (A. W. Ellis and A. W. Young) 的听觉认知模式包括五个方面：听觉分析系统、听觉输入词库、语义分析系统、言语输出词库、音位反应的缓冲机制后产生言语或话语。郭佳 (2009①) 在他的论文中以 (A. W. Ellis and A. W. Young) 理论为实验基础来检验听觉认知模式对于提高学生的传译能力的影响。他发现听觉认知模式确实能够提高学生们的传译能力。刘文红 (2005②) 在他的文章中解释艾利斯和杨氏对听觉感知知识解码的理解，如下：根据艾利斯和杨氏的说明，听觉感知的过程早已经涉及认知。我一听到某个声音，听觉分析系统就开始处理信息。接下来，听觉输入词库辨识或者不辨识声音。然后，在语义分析系统解码并搜寻相应的意义。另外还有言语输出词库和音位反应缓冲机制。前者在已知信息中找到家族相似的适当配伍，后者的功能是选拔、区分语流中的声音。听觉感知通过这些功能一共有三个路线可以获取理解。Roger Bell 对翻译的听觉认知流程解释如下："口译员接收到含有信息的信号 1—识别代码 1—解码信号 1—寻找信息—理解信息—选择代码 2—将理解后的信息译成代码 2—传送含有信息的信号 2"。然后问题是，这个模式是一次线性，还是并行性？刘文红发现，当译员在聆听过程中遇到缺环词语，他（她）能够依靠以前的认识或者经验和推理系统来填补省略的词语。

宋起慧 (2012③) 的硕士论文从心理学角度来研究大学生外语听觉信息加工。刘文红认为集中在听觉分析系统的加工，毕竟是我们最初步接触到信息的地方，但宋起慧则认为，在听力过程中最重要的是建立系统的外语听觉心理词库。宋起慧认为最重要的是通过重复听力培训获取神经途径的新的联系，这样能够提高语言加工功能："提高外语听觉信息加工能力的根本途径是建立系统的外语听觉心理词库"。她用尹德谟的"外语学习信息加工双元结构系统"研究的成果，

① 郭佳. 艾利斯和杨氏听觉认知模式在贵州大学英语专业本科口译教学中的应用 [D]. 贵阳：贵州大学，2009.
② 刘文红. 论英语口译中的听觉解码 [J]. 湘潭师范学院学报（社会科学版），2005，27 (1)：111-112.
③ 宋起慧. 论中国大学生外语听觉信息加工多维建构系统特殊心理机制 [D]. 成都：西华大学，2012.

研究的内容包括中国成年学习者外语听觉信息加工的特殊心理机制。宋起慧研究的实验证实大学习者大脑的"语言—思维"结构系统与"知识—认知"结构系统是影响听者外语听觉信息加工的根本因素。听觉心理词库到底指的是什么？是一种需要感受到的词语库吗？

Lori L. Holt 和 Andrew J. Lotto（2008[1]）从认知科学角度来研究听觉感知。他们的研究是关于发言感知在听觉认知科学框架的表现。他们认为，发言感知和听觉加工是两个不同的学科，听者用特殊发言感知加工来补充和协同发音并恢复原来的生产。同时，听觉感知并不区别于别的感知加工，而且他们之间的边界难以分别出来。

关于发言感知的研究也有 Randy L. Diehl, Andrew J. Lotto 和 Lori L. Holt 的文章"Speech Perception"[2]，其中用的理论框架是机动理论（motor theory）。Stephen Handel（1989[3]）的 *Listening：an introduction to the perception of auditory events* 是从更大范围内对听觉感知的研究。Strauss E. 的 *Hand，foot，eye and ear preferences and performance on a dichotic listening test* 研究了五官偏好对听力感知的影响。关于发言感知和声学的关系有 Borden、G. J. & Harris、K. S.（1984[4]）。Norrelgen、Fritjof、Lacerda、Francisco、Forssberg、Hans.（2001）研究了时间分辨率及其对于发言感知和语音工作记忆力的作用以及与快速理解、语法和语音理解的关系。他们认为，根据 Liberman（1993）的观点，发言的产生和感知都是通过发音行为（articulatory acts）进行的，也不需要集中各个音位。

马荟（2009[5]）则从传播学看英汉连续传译中的噪音及其克服噪音的训练。他用传播学理论来探讨交替传译中的一些干扰因素。研究发现英汉交替传译过程

① Holt，L. L. & Lotto，A. J. Speech Perception within An Auditory Cognitive Science Framework [J]. *Current Directions in Psychological Science*，2008，17（1）：42 - 46.
② Diehl，R. L；Lotto，A. J & Holt，L. L. Speech Perception（Chap. 1）. *Annual Review of Psychology* [C]，2004：149 - 179.
③ Stephen，H. *Listening：An Introduction to the Perception of Auditory Events* [M]. Massachusetts：The MIT Press，1989.
④ Borden，G. J. & Harris，K. S. Speech Perception [A]. In Butler，J. P.（Ed. ），*Speech Science Primer：Physiology，Acoustics and Perception of Speech*（2nd edition. ）[C]，1984：177 - 179.
⑤ 马荟. 从传播学看英汉连续传译中的噪音及其克服噪音的训练 [D]. 广州：广东外语外贸大学，2009.

中存在语言、心理和文化噪音，这三种噪音中，心理噪音的影响最大。训练能够克服噪音所创造的挡住和增加在英语专业本科生的口译初学中的英语 CECl 的忠实性（fidelity）。

王莹（2007①）在《听觉认知模式在中译英会议口译推理中的应用》中运用 A. W Ellis and A. W Young 的听觉认知模式对中译英会议口译进行分析。他认为听觉感知最初步的、最重要的感知方式能用影子练习法（shadowing）来练习听觉感知功能。

关于听觉感知在中国较广泛的研究有陈克安（2014②）的环境声的听觉感知与自动识别。陈克安认为，人的听觉系统在听音辨物方面有独特的优越性。虽然人能够辨别的单个声学参量的最小差值不如先进的声学仪器，而且人对目标的识别能力容易受到注意力分散、疲劳、情绪波动等的影响。但是，在相当多的情况下，人类听觉系统的识别能力要优于现有的自动识别技术。因此，在目标识别领域中，学习和模仿听觉系统的功能成为提高目标识别率的一种重要途径。

3.3　口译信息的视觉感知方式

Karen S. Helfer（1997③）在她的论文中研究听觉感知和视觉感知在清楚发言和随便发言的区别，还有研究听觉和视觉对于无意句子感知的影响。研究发现，说清楚和提供视觉示意有益于了解信息。

Frédéric Landragin（2006④）的研究是关于多模态对话系统中的视觉感知、语言和手势。他认为感知是多模态的，在我们感知到语言的同时，环境的视觉示意也提供重要信息，环境中各种各样的信息是一种多功能性的发言。Xue G，Jiang T，Chen C 和 Dong Q.（2008⑤）的研究是关于语言经验对视觉词语辨识

① 王莹. 听觉认知模式在中译英会议口译推理中的应用 [D]. 广州：广东外语外贸大学，2007.
② 陈克安. 环境声的听觉感知与自动识别 [M]. 北京：科学出版社，2014.
③ Helfer, K. S. Auditory and Auditory-visual perception of Clear and Conversational Speech [J/OL]. *Journal of Speech，Language，and Hearing Research*，1997（2）：432 - 443.
④ Frédéric L. Visual Perception，Language and Gesture：A Model for their Understanding in Multimodal Dialogue Systems [J]. *Signal Processing*，2006（12）：3578 - 3595.
⑤ Xue G，Jiang T，Chen C & Dong Q. Language Experience Shapes Early Electrophysiological Responses to Visual Stimuli：the Effects of Writing System，Stimulus Length，and Presentation Duration [J/OL]. *Neuroimage*，2008（4）：2025 - 2037.

的影响。研究发现，电生理反应（electrophysiological responses）是被视觉、语言和任务因素所调整的。这个发现对于视觉专意理论（visual expertise hypothesis）具有重要意义。Thompson L，Garcia E，Malloy D.）的研究是关于不同年龄的人在多功能的语言加工过程中的视觉示用法。研究发现，年龄大的人的表现差一点。总的来说，视觉语言益于语言表现。

李彬（2012①）的研究是从多模态话语分析理论（multimodal discource）出发，研究视听同步输入模式对口译质量的影响。研究结果显示"视听组学生的总体口译质量比听音组学生的口译质量高，但并不是很明显"，同时"视听同步输入模式下视觉信息对受试者的理解和记忆有积极的影响"，还可以"提高受试者对源语意义的整体理解和意义构建"。所以说，视觉感知对于口译来说有补充的作用。

蒙雪（2014②）在《语音信息影响汉语听觉词汇识别的眼动研究》中，采用眼动追踪技术，运用视觉—情境范式，通过两个实验考查了汉语听觉词汇识别中语音信息的作用。研究显示：第一，本实验结果不支持 Trace 模型；第二，无论是单字词还是双字词，首音信息和声调信息对汉语听觉词汇识别的影响不明显，尾音信息对汉语听觉词汇识别具有促进作用；第三，瞳孔直径对听觉词汇音段信息较为敏感。

关于视觉化对于传译的益处有杨国栋（2011③）和詹成（2014④）的研究。詹成的研究发现，"视觉化训练对口译学员口译的信息点和信息连贯性两方面产生了积极效应，而对口译信息的准确性并未体现效应"，视觉化训练能够促进信息加工过程。杨国栋认为，外语因为习得过程缺乏心理和视觉范围，所以益于视觉训练。语言不仅仅是音位和语义，也跟感觉和视觉经验有密切关系。

3.4　口译信息域下感知的方式

Gregg，Melissa K 和 Samuel，Arthur G.（2009⑤）的研究是关于听觉表现

---

① 李彬. 视听同步输入模式对口译质量的影响基于多模态理论的实证研究 [J]. 长江师范学院学报，2012（9）：105 - 108.

② 蒙雪. 语音信息影响汉语听觉词汇识别的眼动研究 [D]. 大连：辽宁师范大学，2014.

③ 杨国栋. 试论口译中的文本视觉化 [J]. 阜阳师范学院学报，2011（4）：61 - 63.

④ 詹成. 视觉化训练对口译能力提升的效应 [J]. 广东外语外贸大学学报，2014（6）：75 - 78.

⑤ Gregg, M. K. & Samuel, A. G. The Importance of Semantics in Auditory Representations [J/OL]. *Attention Perception and Psychophysics*，2009（3）：607 - 619.

中的语义的重要性。研究显示，在发现变化和编码的过程中，听觉示意比语义消息的表现弱一些。因此，聆听者更加依靠语义消息。Bahaa-eddin Abulhassan Hassan（2013①）的研究是关于翻译作为心理活动，从心理语言学和神经语言学角度来进行分析。他提出，根据 Holmes（1988）的映射理论（mapping theory），感知信息是通过中央处理单元（central processing unit）到理解到解码，又到编码和翻译的过程。初步接触信息的时候，在语义模式中信息找到应对，或者找不到，因而创造预测。在听力或者读书的过程中，为了更好适合整个语境，我们会补充信息。这就是把自己的知识反射到信息中，因而创造一种元文本（metatext）。脑海中有一种附属语言代码（sub-verbal code），解码就是把听觉、视觉和语义信息跟全部认知感知信息来进行比较。这个过程分为两个层面：微型分析包括音位凝聚力和一致性（cohesion and consistency），而宏观分析包括文本、话语和语类。总的来说，翻译或者传译是一种语义加工的过程，但是视觉和听觉感知都在初步接触信息的时候有了重要意义。

左嘉（2011②）在《意象图式与同声传译中的影子跟读——一项基于图式理论的实证研究》一文中，基于意象（image）和图式理论（schema theory），运用实证方法证实了信息视觉化对影子跟读和大意回述的显著作用，以及意象图式对信息视觉化的引导和建构作用。说明了视觉化在帮助同声译员理解复杂源语，摆脱源语字词束缚，理清逻辑思路，把握事物内在结构，准确表达源语意义上起着重要作用。

陈琳（2013③）在《同声传译中预测的认知语义的研究》中用 Charlies Fillmore 的框架理论（frame theory）来研究同声传译中的预测（anticipation）。她认为预测会减少传译中的疲劳。另外，她用 Eugene Nida 的语用对应（pragmatic equivalence）和 Mona Baker 的搭配理论（collocation theory）来解释口译信息感知。搭配（collocation）的意思是，词语构成一些分组，一些词语很可能呈现在一起，如银行、付款、钞票。这就是认知的一个基本功能，人往往会把东西进行

① Hassan，B. A. Translation As a Mental Activity：From Psycholinguistics to Neurolinguistics [J/OL]. *International Journal of Cognitive Linguistics*，2013：55 - 64.

② 左嘉，刘和平 . 意象图式与同声传译中的影子跟读——一项基于图式理论的实证研究 [J]. 中国翻译，2011（5）：58 - 61.

③ 陈琳 . 同声传译中预测的认知语义研究 [D]. 广州：广东外语外贸大学，2013.

分类，因为那样会省时省力。

董秋月（2015[①]）用图式理论（schema theory）来研究口译图式（schema）在口译过程中的作用。她指出，译员已经具有背景知识，所以在信息进入耳朵的同时，脑海自动与之进行匹配和识别，然后激活图式。她认为"听力理解指的是译员对传入耳中的语音信号进行辨认和识别，并且结合上下文进行比较分析，从而实现对输入信息的理解，如听到'我谨代表'，译员就会马上联想到以下内容，感谢××的热情邀请/盛情款待"[②]。

谭慧（2013[③]）在他的论文中研究汉英语义重心的差异对同声传译的影响。汉语动词用法更丰富，而英语更加依赖于名词。英语表达方式准确直接，经常把最重要的信息放在句子前面，而汉语的表达方式更加具有暗示性，随着逻辑推理会把最重要的信息放在的句子后面。这个就说明了，感知源语言的时候需要理解信息的内容，并在感知和输出之间把内容按照目标语言的逻辑系统重新整理。就是说，传译是两个思维方式之间的意义传译的活动。译员需要熟悉两种语言的语义结构，才能进行准确的传译。他用 Gile 的负荷模式理论，发现在负荷模式理论中音位或者词语先储存于短暂记忆中，等待分析和辨识。

肖姗（2008[④]）对自上而下和自下而上两种处理模式在英汉交传理解过程中的作用进行了研究，以图式理论（schema theory）、Gile 的精力模型为主要理论依据，采用实验法收集有关数据并对数据进行统计分析，最终得出：自上而下和自下而上两种方法在口译理解中共同发挥作用，自下而上处理是自上而下处理的基础，自上而下处理则有利于修正自下而上的疏漏，推动意义建构。

芮敏（2000[⑤]）从 Sperber 和 Wilson 的关联理论（relevance theory）出发，对口译中如何提高译员的信息处理速度和理解质量进行分析。依据关联理论，译员对信息理解的前提是，其头脑中是否拥有与话语信息发生联系的语境假设。也就是说，只有当译员的大脑中已经具备，或者能够形成与所接收的话语信息相互

① 董秋月. 图式理论视角下的口译过程研究 [J]. 齐齐哈尔师范高等专科学校学报，2015（5）：51-52.

② 同上，3.

③ 谭惠. 汉英语义重心差异对同声传译质量的影响个案研究 [D]. 长沙：湖南师范大学，2013.

④ 肖姗. 英汉交传的理解中自上而下和自下而上处理方法的实证研究 [D]. 南京：南京师范大学，2008.

⑤ 芮敏. 关联理论与口译理解策略 [J]. 四川外语学院学报，2000（03）：100-103.

交叉的部分，信息理解才能取得成功。同时，交叉的程度越高，推理所耗费的时间和努力就越少，理解的难度也随之降低，因而理解的速度和质量就越高；反之，理解效果越差。由此我们可以得出，提高口译过程中信息理解速度的关键在于，译员是否建立或寻找与话语信息密切关联的语境假设。

4. 结论

随着认知心理学和信息理论的发展，越来越多的研究者们将口译看成一种信息加工行为，把信息视为口译活动的基本操作对象，研究的重点也从言语的输入——输出的关系转向了心理认知过程。作为一种即时的双语之间的信息处理活动，在口译信息加工过程中有着严格的时间限制，译员通常需要在极短的时间内完成信息的感知、储存、提取、转换和表达。信息感知是口译活动的最初环节，也是口译过程中至关重要的一个部分，包括听觉感知、视觉感知、域下感知等多种方式。

口译中的信息感知过程并不容易，是一个复杂的认知心理过程。基于前文的分析，我们发现，听觉感知已经包括了信息分析。如果译员善于把握每一个传译的阶段，便能减少某些部分的弱点。譬如，当译员没有听清一个词语，他可以按照上下文来推理省略的词语。此外，视觉感知和语义感知也发挥着重要的补充作用。如果没有听觉感知便不能进行翻译，反过来，语义是伴随听觉一同发展，没有语义的情况是不可能的，所以在口译的过程中，听觉感知、视觉感知和域下感知三者均十分重要。笔者还认为，感性感知也很重要，就是为了能够理解他人，需要有一种同情感。关于口译信息处理的共时性问题，有些研究发现大脑对半球化提供并行性处理的前提，但是有些研究则显示，信息处理不表现半球化。信息处理过程并不是一致性的，而是同时性的，这与大脑半球化到底有没有关系？当多个任务同时处理时，译员又如何进行任务之间的认知协调呢？对此，认知心理学家和翻译学家在这一方面的研究还有待加强。

第三章　口译注意力分配过程

第一节　注意力分配理论与模型

　　口译是一项跨越语言、跨越文化的交际活动，对译者的短暂记忆存储能力、心理素质和扎实的英语基本功提出了较高要求。在口译中，各项任务分配到的注意力是彼此牵制的关系，只有科学地分配与协调注意力，才能使口译顺利进行下去。因此，探讨口译中注意力的分配与协调，对口译质量有重要的作用。本节探讨并简要分析 Gile 提出的公式：SL＝L＋P＋M＋C，L（istening）听取/分析，P（roduction）口译产出，M（emory）短期记忆，C（oordination）协调整理。在对注意力分配影响因素的探讨中，会运用"过滤理论""中枢能量理论"以及"自动加工理论"对观点加以理论支撑。

1. 引言

　　作为两种语言之间的转换活动，与笔译不同的是，口译受时间、空间的限制，对译者的记忆存储能力、心理素质和认知知识提出了较高的要求。20 世纪

40 年代，工程师 Claude Shannon 在通讯领域通过研究得出结论，任何一个传输通道在传输信息时都有最大传输容量，如传输信息量超出传输通道的最大传输容量，那么就会出现信息丢失的现象。同样，认知科学认为人脑是个容量有限的信息处理渠道。换句话说，一个人的注意力是有限的，同一时间不能处理太多的任务。如果一时间只有一项任务需要处理，那么这项任务能被分配到人所有的注意力，处理的效果和质量定能令人满意。而要同时处理两项任务，每项任务就只能分配到一半的注意力，也就是"一心二用"，这时候，如果注意力分配合理的话，也能完成任务。如果不合理，所做的努力就要付诸东流。译员在听到源语信息时，必须同时调动自己的语言知识和言外知识对信息进行逻辑分析，将信息概念化，存储进自己的短期记忆，并在短期记忆消逝之前，转换代码，用译语表达出来。口译各项任务的注意力合理分配对产生高质量的译文至关重要，如果一项任务分配的处理能力太多，分配到其他任务的处理能力上就相应减少，从而影响口译的顺利进行。注意力的分配对于译员的翻译质量有着很大的影响。Gile 提出的注意力分配公式已经普遍地被学者们探讨。然而这种探讨仅仅停留在一些简单的论述上，并没有任何的理论作为支撑。本研究将用"过滤理论""中枢能量理论"以及"自动加工理论"，对学者们的研究做出理论上的补充，使此观点有更加稳固的理论基础。

2. 口译中注意力分配的相关研究

关于口译中的注意力的研究主要有以下几个方面，Gile[①] 提出了他著名的多任务处理模式来解释同声传译中译员所面临的困境和压力。在同声传译过程中，译员需要同时完成听和分析、短时记忆以及语言表达的过程。蔡小红[②]分析了国内外各相关学科有关口译的论述、交替传译的各种模式，并对其作简要的概述。在此基础上借助相关学科的研究成果建立了自己的理论模式体系，其中包括交替传译过程模式、译员的注意力分配模式和口译能力发展模式，借以描述、解释与

---

① Gile，D. *Basic Concepts and Models for Interpreter and Translator Training* [M]. Amsterdam/Philadelphia：John Benjamins Publishing Company，1995.

② 蔡小红. 以跨学科的视野拓展口译研究 [J]. 中国翻译，2001 (2)：26-29.

分析交替传译过程及能力发展。丘曼曼[①]分析了口译中注意力分配失衡的原因，探讨了如何分配注意力来确保口译的质量。董智颖[②]运用 Daniel Gile 的注意力认知负荷模型，对两位译员进行了交替传译实验，通过分析译员口译结果中出现的错误，找出译员在注意力分配与协调方面失败的原因，并根据实验提出口译中注意力的分配与协调的问题。尚宏[③]认为口译的成败很大程度上取决于是否能有效地分配注意力。而注意力分配可以通过"影子"练习、"倒数"练习等训练获得。邵帅[④]认为口译是个多任务分配过程，为了实现多任务，保证同时性，译员必须将有限的注意力分配到听、说、监控等过程中。如果出现注意力分配不当的情况势必会影响到译文质量和译员表现。

目前学界对于口译中的注意力分配虽然成果大量涌现，但主要的理论建构仍停留于对 Gile 提出的注意力分配公式的研究，即同声传译 = L＋P＋M＋C，L（istening）听取/分析，P（roduction）口译产出，M（emory）短期记忆，C（oordination）协调整理（Gile，1995[⑤]；齐智英，2008[⑥]；肖晓燕，2001[⑦]；董智颖，2013[⑧]；邵帅，2014[⑨]；彭子烨，2013[⑩]）。在这些研究中，他们探讨口译中注意力分配的公式，并给出影响译员注意力分配的因素和训练译员注意力的一些方法。这些影响注意力分配的因素主要有：第一类是由于译者自身的处理能力局限；第二类是一些外部因素，它们也会影响译员的精力分配和多任务处理。给出的训练方法主要有译者自身去提升语言能力、语外知识，以及听说区分和注意力分配能力；加强注意力分配能力；加强译前准备工作[⑪]。这些方法和建议都还比

---

① 岳曼曼. 论口译过程中的注意力与口译质量［J］. 湖北函授大学学报，2011（3）：136－137.

② 董智颖. 口译中的注意力分配与协调［J］. 青年文学家，2013（30）：108.

③ 尚宏. 同声传译过程中的注意力分配问题［J］. 郑州大学学报（哲学社会科学版），2009（1）：131－133.

④ 邵帅. 同声传译译员的注意力分配及多任务处理［J］. 经营管理者，2014（12X）：394.

⑤ Gile，D. *Basic Concepts and Models for Interpreter and Translator Training*［M］. Amsterdam/Philadelphia：John Benjamins Publishing Company，1995.

⑥ 齐智英. 同声传译过程中的注意力分配问题［J］. 疯狂英语（教师版），2008（5）：138－141.

⑦ 肖晓燕. 同声传译的多任务处理模式［J］. 中国翻译，2001（2）：33－36.

⑧ 董智颖. 口译中的注意力分配与协调［J］. 青年文学家，2013（30）：108.

⑨ 邵帅. 同声传译译员的注意力分配及多任务处理［J］. 经营管理者，2014（12X）：394.

⑩ 彭子烨. 注意力分配对译员表现和译文输出的影响［D］. 福州：福建师范大学，2013.

⑪ 同上，5.

较笼统。还有的学者给出了比较专业的培训方案，如"影子"练习＋"倒写数字"练习①，"倒数"练习，源于巴黎高等翻译学校的教学方法（齐智英，2008）；"双耳分听"练习（齐智英，2008）。从以上的研究可以看出，对注意力分配有了一定的基础性研究，但都过于泛泛。本节会对学者们的观点给予理论支持，让这些观点不再空洞。主要运用的理论为过滤理论、中枢能量理论以及自动加工理论。

3. 吉尔模型及注意力分配研究的必要性

从吉尔（Gile）的公式同声传译 ＝ L＋P＋M＋C 中（L（istening）听取/分析，P（roduction）口译产出，M（emory）短期记忆，C（oordination）协调整理），我们不难发现在口译过程中，译者需要同时完成听和理解分析，短期记忆以及用语言整理表达的过程。很明显，这是一个复杂的认知心理学过程。译员要一直意识清醒地区分他（她）所听到的语言和他（她）所传出的译语。在口译中各项任务的精力合理分配对产生高质量的翻译至关重要，要想做到高质量的翻译，译员就需要注意和处理不同任务，才能保证翻译的顺利进行。如果一项任务占据了译员过多的精力，那么译员的其他任务自然会受到影响，注意力会受到牵扯，一环一环出现问题导致恶性循环，从而影响口译的顺利进行。一旦译员出现了注意力受到牵扯的情况，那么译文就一定会出现漏洞或者误译。

从上面的公式可以看出，口译员必须"一心三用"：

第一，用心听。"听"是指译员在口译过程中要听准、听全。这是口译中最基本的环节，只有做好这一环节的工作，接下来的环节才能继续。因此全神贯注是绝对必要的。听不准、听不全都代表着这次口译的失败。第二，用心想。口译员在 SI 中的"想"是"边听边想"。它的认知理解运作包括（1）启动词库以吸收、筛选、提取听觉（也有视觉参与）搜集的言语及非言语信息，供语意系统备用；（2）启动语意系统以词构句，以句表意；（3）启动逻辑思维系统以便整合理解素材，并通过调整、加工、校正，以构建内部言语（inner speech）的雏形；（4）启动音位反应的缓冲机制（PRB），对音、义两个系统的整体加工整合进行

---

① 张吉良. 巴黎释意学派口译过程三角模型研究［J］. 外语教学理论与实践，2011（2）：74－80.

外话表述前的调节，包括概念、判断、推理，摆脱内部言语的芜杂（miscellaneous）、无序（desultory）和不稳定（unstable）等等雏形状态，期待实现表达（内部言语的外化）。第三，用心说。"用心说"是指在心里已经想好、规划好该怎么说。其中还有两个要求：（1）表达的意思要清晰明了；（2）想好就说，不要犹犹豫豫、吞吞吐吐，而是自信大方地说出来。译员是介乎说话人和听众二者之间的极重要的媒介①。

4. 注意力分配的理论模型

4.1　中枢能量理论

中枢能量理论由卡尼曼（1973②）提出。该理论认为人能用于执行任务的能量或资源的数量是有限的，用能量或资源的分配来解释注意。资源的分配决定注意的取向。资源的分配受下列四个因素制约：①受制于唤醒因素的可能的能量；②当时的意愿；③对完成任务所需能量的评价；④个人的长期倾向。

根据该理论，能量或资源的分配可进一步分为资源限制过程和材料限制过程。资源限制过程是指其作业受到所分配的资源限制，一旦得到较多的资源，其作业能顺利进行。材料限制过程是指其作业受到任务的低劣质量的影响，即使分配较多的资源也难以顺利完成任务。例如，在嘈杂的背景中，要听清楚一个微弱的说话声，即使分配更多的资源，也难以听清。该理论能较合理地解释日常生活中看到的一些现象，如一心二用。一个人能同时做两种事而不受干扰，这是因为这两种活动所需资源未超过个人能量分配的资源总和。又如某些活动不能一心二用或只有一种活动能操作得好，另一项活动无法应付好，这是由于该种活动分配了更多的资源，或者是两种活动所需资源超过了总资源③。

从以上的中枢能量理论，我们能得到很好的"一心三用"的理论支撑。但如果我们在"一心三用"这个环节中出现了问题，没有兼顾好口译各个环节的关系就会出现误译的现象。

---

① 齐智英. 同声传译过程中的注意力分配问题 [J]. 疯狂英语（教师版），2008 (5)：138 - 141.

② Kahnman，D. *Attention and Efforts* [M]. Englewood Cliffs Nj：Prentice-Hall，1973：129.

③ 章志光. 心理学（第三版）[M]. 北京：人民教育出版社，2002.

4.2　过滤器理论

根据吉尔的认知模式，译员需要同时处理好听、分析、记忆以及产出等多项任务的关系。很明显，这是一个认知过程。当译者把他的精力分给不同的任务时，一些因素将会影响译者有限的注意力。这些因素可以被归为两类：一类是由于译者自身的处理能力的局限。这一类亦可以分为以下几种情况。第一种情况是当听和分析占据了译者的大部分精力时，译者在翻译的过程中就很有可能丢失信息，而没有记录下完整的信息。或者因为取舍不好有用无用信息浪费了宝贵的时间，这是和译员自身的听辨理解力密切相关的。第二种情况就是译员在翻译的过程中也常常会因生词和不熟悉的表达而"卡壳"。这种现象是很常见的，即使译员本身词汇量已经很大，也会遇到不熟悉的单词。如果翻译的是专业性极强的资料，那么碰到不熟悉单词的情况就更多。第三种情况是译员经常回想自己的翻译内容以及对自身翻译质量的担心，也属于译者能力局限的一部分。这种情况往往在一些经验不足，能力稍弱的译员身上比较常见。同时有一些译员还有补译的习惯，这种习惯如果过度的话必将会影响译者的注意力分配。

第二类是一些外部原因，它们也会影响译员的精力分配和多任务处理。第一类是发言人有口音或者语速过快。这些情况都是比较常见的。在美国乡村或者一些偏僻的地方，当地人说话必然有一定的口音。又或者翻译的对象来自一些中东或者东亚的一些国家，他们所说的语言也会有口音的出现，从而必然会导致一些翻译的偏差。第二类是现场的一些设备状况问题，例如翻译现场过于吵闹，设备出现问题，译员距离发言者的幻灯片过远或者角度不当等，这些都会严重地影响到译员的听力和翻译质量。第三类是主办方和译员之间的配合，以及译员搭档之间的配合。总之，当所有这些影响因素分散译员的注意力，造成译员的多任务处理失衡时，便会造成译员翻译质量的下降[①]。

在误译产生的原因中我们会发现，有一种原因是当译者要兼顾听和分析时，就会占据译员大量的精力，译员在翻译的过程中可能会丢失信息，或者对于该留什么信息，该删去什么信息，没有一个准确且快速的判断，从而导致了误译。对于这样一个现象，我们可以用"过滤理论"来对其做理论支撑。

---

① 邵帅．同声传译译员的注意力分配及多任务处理［J］．经营管理者，2014（12X）：394．

4.3 "过滤"理论

在口译活动中，由于时间的紧张性和译员短期记忆的局限，记笔记成为完成口译任务和巩固口译表现的一个重要方法。笔记是通过纸张的有效应用，以非特定语言的符号记下，在视觉上提供立即做充分传译之可能性的一种笔记形式。笔记的这种性质决定了译员没有足够的时间和注意力在笔记上记录下译员所听到的所有的信息点。因此，笔记应该记多少、应该怎样记，成为通常困扰口译译员和口译学习者的一个问题。

1958 年，布鲁德本特（D. E. Broadbent[1]）根据双耳分听的一系列实验结果，提出了注意力的过滤器理论。过滤器理论认为，从外界进入感觉通道的信息是大量的，但大脑加工信息的能力却是有限的。为了避免阻塞，就需要有一个过滤器对输入信息进行选择，使其中的一部分信息进入高级分析阶段，被识别、储存和加工，而其余的信息则迅速消退。布鲁德本特设想的过滤器位于语意分析之前，外界信息经感觉器官到达短时贮存器中进行暂存，然后经过选择性过滤，将无用的信息"滤掉"，进入知觉系统的仅是要进行认知分析的信息。

针对实践中发现的问题，基于对布鲁德本特（Broadbent）的"筛子理论"和卡罗尔（Carroll）的"信息处理系统"的学习研究，参考韦伯（1984[2]）、吉尔（1995[3]）和刘敏华（2001[4]）等专家的研究成果，曹歌（2006[5]）认为口译笔记具有信息过滤和筛选的作用，它像"筛子"一样过滤掉不重要的或与传达原文意思不直接相关的信息，而选择对以目标语重新表述原文包含的意思和逻辑最相关最符合的重要信息并用各种符号记录下来。口译笔记的这种作用与口译表现有着密切的联系，笔记的信息过滤和筛选作用发挥得越有效，越有利于促进口译的良好表现。

① Broadbent，D. E. *Perception and Communication* [M]. London：Pergaman Press，1958.
② Weber，Wilhelm K. Training Translators and Conference Interpreters [J]. *Harcourt Brace Jovanovich*，INC. 1984.
③ Gile，D. *Basic Concepts and Models for Interpreter and Translator Training* [M]. Amsterdam / Philadelphia：John Benjamins Publishing Company，1995.
④ Liu，M. H. *Expertise in Simultaneous Interpreting*：*A Working Memory Analysis* [D]. Unpublished Doctoral Dissertation，University of Texas at Austin，2001.
⑤ 曹歌. 交替传译笔记的信息过滤和筛选作用 [D]. 北京：对外经济贸易大学，2006.

"过滤理论"对于误译,无法记下准确信息的这种口译行为给出了很好的理论支撑。那么,面对各种误译行为,我们对译员的注意力分配能力的提升有什么好的训练方法和方向呢?影子训练法、数字倒数法以及口译笔记法都是对注意力分配能力训练的有效尝试。

4.4　自动加工理论

既然有如此多的因素都会导致译员的注意力分配失衡,注意力分配被各种各样的因素所牵绊,那么如何来加强译员的多任务处理能力就显得尤为重要了。译员应该针对自己易出现的错误去主动地、有方法地加强自己的多任务处理能力。

首先,译员应该提升语言能力、语外知识、以及听说区分和注意力分配能力。注意力在口译过程中应该无限放大。这种被放大的注意力主要包含去主动地听和主动地理解。译员在翻译过程中的听力一定要是非常积极的。在听的过程中也要进行积极地预测和猜想,跟上发言人的思路,变被动为主动。而主动积极的理解则包括对语言本身以及语外知识的理解运用。译员承担着先帮听众理解源语的角色,这样的理解其实是译员和发言人的一种相互融合。译员在口译的过程中只有注意力高度集中才能保证其多任务的处理能力,从而保证翻译质量。

其次,注意力分配能力也需要不断地训练才能够加强。例如:译员可以通过训练影子跟读、数数练习、分听练习、加强预测能力和丰富语外背景知识等方式来进行训练。同时译员也要主动地去听去翻译一些比较有难度的资料,如带有口音或者语速较快的资料,以加强自身的临场适应及应变能力。

最后,翻译工作之前的准备对于每一次的口译任务来说都是尤为重要的一部分。它不仅能够保证翻译的质量,同时能够有效地让译员放松,缓解紧张心态。毫无疑问,良好的译前准备能够有效地帮助译员。总的来说,译前准备包括术语、歇后语、成语的准备,发言人讲话文件的准备,关于会议主题的准备以及对设备的检查,还有与搭档的沟通交流等。

我们看到了,要想提高一个译员的翻译功底,提升语言能力是最基础也是最必要的,这一观点的理论基础就是"自动加工理论"。

4.5　双重加工理论

1977 年，在资源限制理论的基础上，谢夫林（R. M. Shiffrin①）等人进一步提出了双重加工理论。该理论认为，人类的信息加工方式有两种：自动加工和控制加工。自动加工是由刺激自动引发的无意识的加工过程，不需要有意注意，不受认知资源的限制。自动加工过程由适当的刺激引发，发生的速度很快，由于不占用系统的加工资源，所以也不影响其他的加工过程。在习得或形成之后，自动加工过程难以改变。控制加工是受意识控制的加工过程，它需要注意的积极参与，要占用系统的加工资源。和自动加工相比，控制加工更为主动和灵活，它可以随客观情况的变化不断调整资源分配的策略。控制加工经过充分的练习之后，有可能转化为自动加工。熟练技能的形成过程，就是动作信息由控制加工向自动加工转化的过程。例如，人在初学骑自行车时，注意力高度集中，经过充分的练习，骑车技能达到熟练后，这时就不需要占用太多的注意力了，骑车者的部分注意力资源就可以分配于其他活动。双重加工理论是对资源限制理论的有益补充，它们共同解释了为什么人们有时能同时做好几件事，如一边做作业一边听音乐。因为人类认知加工系统的资源是有限的，在同时进行两项以上的活动任务时，往往会发生困难。但当其中的一项或几项活动任务的加工已经变成自动化的过程时，就不需要占用认知资源，个体就可以将注意更多的集中于其他的认知过程上②。

根据认知心理学和心理语言学研究，执行任务过程中认知资源的消耗量大小可以将某一个加工过程分为控制性加工（controlled processing）和自动性加工（automatic processing）两类，控制性加工过程需要有意识的加工处理，在很大程度上受到有限认知资源的限制，而自动性加工过程的一般特点是速度快、认知资源消耗少③。专家或者学识渊博的人之所以能快速地完成任务的其中一个非常重要的原因是其加工过程的自动化水平较高。可以看出，翻译速度的快慢，翻译的质量体现与译者的自动化水平有很大关系，也就是说与译者本身的文化积累有

① Shiffrin R. M. & Schneider W. Conrolled and Automatic Human Information Rrocessing：Perceptual Learning, Automatic Attending, and A General Theory ［J］. *Psychological Rieview*，2002（2）：127 - 190.

② 章志光. 心理学（第三版）［M］. 北京：人民教育出版社，2002.

③ Carroll，D. W. Psychology of Language ［M］. 北京：外语教学与研究出版社，2000：54 - 55.

很大的关系。文化积累扎实，翻译的语言功底深厚，那么自动化加工过程进展就会顺利[①]。

5. 口译中的注意理论的具体应用

口译过程可以表示为：讲话人—话筒—耳机—同传译员—话筒—耳机—听众。在一个会议厅内，讲话人对着自己的话筒讲话，译员戴着耳机坐在能看到讲话人的同声传译室内，讲话人的声音通过耳机传到译员的耳朵，译员通过话筒进行翻译，译员的译文又通过听众的耳机传给听众。

Gile 针对同步口译过程中注意力的分配，把注意力分为 L（istening）听取/分析，P（roduction）口译产出，M（emory）短期记忆，C（oordination）协调整理。他指出四者除了各有其应有的处理容量外，应以四者总和为极限。

在认知概念的基础上，Gile 提出了"交替传译的脑力分配模式"即"认知负荷模型"：

Phase Ⅰ：CI ＝ L＋ N＋ M＋ C

Phase Ⅱ：CI ＝ Rem＋ Read＋ P

即：第一阶段 ＝

听力和分析（Listening and analysis）＋笔记（Note-taking）＋短期记忆（Short-term memory）＋协调（Coordination）

第二阶段 ＝

记忆（Remembering）＋读笔记（Note-reading）＋传送（Production）

5.1　听力理解

听力理解包括对传到译员耳朵的携带源语信息的声波进行分析，到确认字词，到最终决定句子的意思，在脑中形成源语所表达的思想内容或概念的全过程。在这一阶段，主要运用到的是过滤器理论和中枢能量理论。源语被发言者说出，此时译者一边听，一边过滤。因为信息量是大量的，而人脑加工信息的能力

却有限。于是，大脑将信息进行过滤，将那些不重要的、无用的信息过滤掉，比如，发言者的重复信息，或者重复的习惯性用语。同时，在这一阶段，中枢能量理论也有涉及。能量或资源的分配可以进一步被分为资源限制过程和材料限制过程。在口译中，译者的背景知识很重要，如果在一场口译中，这个主题是译者所熟识的或者在口译前有相关的专业术语准备，那么这个资源就是丰富的，在听力理解这一阶段将会比较顺利，为口译的顺利进行打下基础。然而，材料的限制过程是客观影响的，如果外部环境嘈杂，或译者的耳机出现问题，再或者发言者有严重的口音问题，这些将直接影响译者的听力理解质量，进而影响口译质量。

5.2　笔记记忆

笔记记忆即译员在接受原文信息到输出译文之间的时间差内将听到的信息储存在短期记忆中，并辅助笔记直到相应译文的输出。在这一阶段，主要运用到的是自动加工理论。译员在听到发言者发言后，将依旧靠自己长久以来形成的笔记习惯，迅速地、不假思索地记录成笔记，这一过程是短暂的，是刺激脑部后的自动反应。通过辅助笔记，译员将需要翻译的内容自动加工至大脑，并且记忆下来。

5.3　翻译传送

翻译传送即在获得原文思想内容或概念后用译入语重新组织安排句子，直至输出译文。在这一阶段，双重加工理论应用比较广泛。在译员经过前两个阶段后，译员借助笔记开始翻译。对于一些常见的句型的翻译，自动加工理论将发挥作用。这种刺激会引发无意识的加工过程，对于一个长期从事口译的译员来说，它不需要有意注意也能顺利完成。但是对于接触次数较少、专业性的术语将使译员集中注意力去理解翻译，这就触发了控制加工。口译是一个不断完善的过程，所以对译员自身的知识背景有很高要求，译员就是通过不断地完善自己和充实自己，才能将控制加工演变为自动加工，使得翻译对于译员来说不费劲，听者也觉得清晰易懂。

从前文的分析可以看出，注意力分配是建立在认知概念上的，即人脑是个容量有限的信息处理渠道。换言之，一个人的注意力是有限的，同一时间内不可能处理太多的事。同传过程中的三项任务需要同时分配人的注意力来进行处理，因此译员必须很好地协调分配在各项任务上的处理能力。任务的难度越大，需要分配的处理能力就越多。如果一项任务分配的处理能力太多，分配到其他任务上的处理能力就相应减少，从而可能影响口译的顺利进行。例如，一个译员若是过分追求译文华丽，花在翻译方面的注意力太多，对不断流入的新信息的接收和理解所能分配的注意力则减少，给同传造成困难。从这里我们不难看出，即使经验丰富的口译员，为了不影响口译整体顺利进行，有时也只能采用脑中快速形成的并不完美的译文。又如听到结构复杂的长句时，译员必须在听力上投入处理能力，同时翻译上的负担也会加重，故而影响到记忆。因此，能否协调好处理能力在各项任务上的分配直接影响口译的成败。

6. 结语

综上所述，口译是集听解分析、短时记忆及译语生成于一体的复杂的语言转换过程。口译的实质就是注意力在多项任务间的合理分配。在翻译实践中，译员需根据具体的情况灵活分配精力，要充分地认识 Gile 的精力分配模式，由此了解影响传译质量的重要因素并有意识地采取相应对策。如果译员对各个环节都能最大限度地控制负荷，协调注意力分配和多任务的工作必然游刃有余。同时同传译员也要在各方面加强自己的能力，充分准备，认真训练，才能真正做到"有备而无患"。

而在研究方面，与其他学科相比，口译研究非常年轻，虽然它越来越受到研究者的重视，而且体现出跨学科的趋势。但就目前来说，对于注意力分配，国内的研究还较为薄弱，通过注意力模型来研究口译的依然是少之又少，其中不乏研究人员较少和研究设备不够完善的原因。同时，口译过程又是一项复杂的活动，其即时性和瞬间性的特点使研究人员难以掌控。然而令人欣慰的是，现在有越来越多的年轻学者加入研究者队伍，极大地推动了口译研究的发展，同时随着电脑科技的高速发展，必将为研究注入新的活力。

第二节 同传过程中的注意力分配研究

1. 引言

同声传译在当今国际交流中扮演着日益重要的角色。从认知心理学的角度来看，作为一项高难度的语际转换认知活动和复杂的人类信息处理活动，同声传译对译员的要求日益严格。根据吉尔模型和注意力分配三个理论模型，译员在同传过程中需要同步协调处理听力与分析、记忆、产出和协调这四大项任务。为了实现同传中的多任务，保证同时性，译员必须将有限的注意力分配到听、说、监控等过程中，同时还要高度集中注意力，避免其他因素的干扰。如果出现注意力分配不当的情况势必会影响到译文质量和译员表现，如信息遗失、理解有误、目的语表达不流畅等问题。因此，注意力分配在同传过程中占据着重要的地位。本节将吉尔精力分配模型作为主要理论支撑，从信息的理解、记忆和表达三个方面详细讨论了同传过程中注意力分配问题并分析了该过程中译员面对的主要问题和挑战，提出相应的解决办法和应对策略，进而得出结论，只有在口译过程中做到精力高度集中并合理、有效将注意力分配在信息处理过程中的各个模块，才能保证整个同声传译过程的顺利进行，实现同声传译的效果。

本节主要分为五个部分。第一部分介绍了同声传译的简史和定义。第二部分介绍了同声传译理论研究和与此相关的概念，包括莱德勒的八个心理过程、基尔霍夫多阶段模型和吉尔注意力分配模型。这些理论为国内外同声传译的进一步研究奠定了坚实的基础。第三部分以吉尔注意力分配模型为理论基础，结合同声传译的特点，主要讨论了注意力分配过程，提出了同传译员面临的问题。第四部分提出了解决这些问题的几种策略和训练方法。本节最后得出结论，信息处理活动中，只有译员将注意力适当地分配给每个任务时，同声传译的质量才能得以保证。

2. 同声传译简介

口译的产生时间远远早于笔译。这是因为口头形式的语言早于书写形式的语言，而口译针对的是前者，笔译针对的是后者。在古代，我们的祖先就通过双语甚至多语种"中介"来进行不同部落和地区之间的货物交换和沟通交流。随着多语言共存环境中地球村的全球化程度不断提高，作为现代形式双语"中介"的口译，在促进人们的交流方面发挥了日益显著的作用。

目前，口译一般分为两类：交替传译和同声传译。交替会议口译是口译最古老的方法，最早在 1919 年第一次世界大战后的巴黎和会上广泛使用。在两次世界大战期间，国际会议上主要使用英文和法文两种语言，这使得交替传译成为可能。但是，后来，随着国际会议召开得越来越多，国际事务中使用的语言也越来越多。因此，交替传译不再能满足会议的需要，同声传译便开始出现和发展。

在大规模的需求同声传译之前，同声传译已经存在一段时间了。会议交替口译程序的繁琐刺激了波士顿的企业家法林（Filene）。至少早在 1924 年，他就已经开始赞助国际集会上的同声传译实验。这些测试已经取得了一定的成功，特别是在 20 世纪 20 年代后期的国际劳工大会上的亮相，尽管许多人认为同声传译首次使用于 1946 年的纽伦堡审判中。如今，同声传译广泛应用于各类大型的多语种国际会议上，被称为会议同传。同声传译的应用也在逐渐地向其他领域扩展，如商务谈判、访谈、媒体广播、培训课程和专题小组讨论等。

3. 同声传译的定义

作为实时口译的同声传译（SI）是一种服务，它使得参与国际场合的人能够用自己的语言发言并执行程序。发言人会按照其平常的方式说话，而口译员则会听一种语言，并用另一种语言再现相同的内容，而时间上比原始语音稍稍滞后。这种工作模式被称为"心理奇迹"①。同声传译中最困难的部分是，在听发言人说话的过程中，将说话内容进行口头的同声传译。这个复杂的信息化过程，从认知心理学角度看，包括了一系列互动技能。在这个过程中，两种声音相互重合，其中，发言人的声音为主，而译者的声音相对较低。同声传译也被称为"联合国式口译"，首先应用于1927年在日内瓦举行的国际劳工组织会议中。同声传译是唯一无需发言人使用"慢动作"或每句一停而可以为其提供译文的方法。在会议口译中，同声传译员戴着耳机，坐在配有麦克风的隔音口译室中，译员通过耳机听演讲，然后通过用麦克风提供口译，方便听众获取信息。每种语言都有一个口译室，每个口译室中有两位或三位译员。由于同传需要精力的高度集中，一名译员一次口译的时间通常不会超过30分钟，有的甚至不超过20分钟。译员们轮流工作，每20分钟左右换另一名译员。在某些情况下，没有适当的设备，同声传译员则需通过耳语，向周围的两三名听众进行同传。

在同声传译中，同时实现多任务处理，译员应通过注意力分配将其注意力最大化，将其注意力分配在听、说、自我审视和排除干扰上。否则，口译质量和译员表现将受到严重影响，这可能会导致信息遗漏、理解错误，甚至非常规的发言速度和音调。因此，注意力分配对于合格译员现场同传问题的解决来说至关重要。只有将注意力适当分配到每个过程中，才能保证同声传译的质量。

作为心理语言学和认知心理学的一个重要领域，同声传译注意力分配的研究仍待通过受试者测试和数据分析而进行深入、全面的研究。例如，Seeber 和 Keizel② 使用任务诱发反应，在线测量同声传译过程中认知负荷。在本节中，笔者主要采用吉尔的注意力分配模型为理论基础，讨论同声传译中的注意力分配，从三个方面指出同传译员面临的问题和障碍：听力、分析、记忆和产出，并提供进行应对的两种训练方法。

---

① Chen，Z. M. & Dong，X. B. Simultaneous Interpreting：Principles and Training [J]．*Journal of Language Teaching and Research*，2010（15）：712-715.

② Seeber，K. G. & Kerzel，D. Cognitive Load in Simultaneous Interpreting：Model Meets Data [J].*International Journal of Bilingualism*，2012（2）：228-242.

4. 文献综述

4.1　同声传译的理论基础

吉尔的注意力分配模型是解释本文中同传过程的理论框架。另外，不得不提及同声传译研究的另外两个重要的基础理论。

提到口译模型，必会提到去语言外壳的理念和"巴黎学派"的思想，其主要提出者是 Danica Seleskovitch①。"巴黎学派"理论的主要思想是，口译是基于含义，而不是文字或语言结构，因此它被称为"theorie du sens"（意为"基于含义的理论"）。它现在被重新命名为"La theorie interpretative de la traduction"口译理论。根据这一理论，译员必须听取信息的含义，并通过源语言语块的可视化和确定快速分析信息。然后，译员通过把握构成该消息的观点，做出反应，并忠于原文地、清晰地进行表达。20 世纪六七十年代，Seleskovitch 以及其他志同道合的早期先驱着手论证会议口译不但可能，其可行性也反映了语言理解的本质。他们综合其实践和反思提出其理论和培训原则，将 SI（同声传译）视为一项无需特殊语言学策略的技能型活动，而其培训中，只需通过对源语言和目标语言近乎母语使用的能力，来保证听和说的同时性（Setton，1999，26）。70 年代，Seleskovitch 写书介绍了其"Theorie du Sens"（意为"基于含义的理论"）。它现在被重新命名为"La theorie interpretative de la traduction"（"口译理论理论"）。在此理论中，假定原来的词语或语言结构只在短期记忆中停留几秒钟，之后，"认知补充"发挥作用，将这些词汇转变为意群。意群一形成，就会立刻合为更大的意群中②。口译过程概括为三个步骤。第一步"将语言学含义的因素和言外知识合并，理解含义；第二步是去语言外壳；第三步是即时地用语言表达含义"③。去语言外壳是 Seleskovitch 模式的一个突出特点，指的是摆脱文字和语言结构的束

---

① Seleskovitch，D. 口译技艺［M］. 北京：北京语言大学出版社，1992.
② Seleskovitch，D. & Lederer，M. *A Systematic Approach to Teching Interpretation*［M］. Paris：European Commnunities，1989；247.
③ Ibid.

缚，获取内在的意义。这也证实了意义可以独立于语言之外而存在。

　　同声传译研究的第二个重要的理论是 R. Setton 的实用主义认知方法。这在其《同声传译的认知语用分析》（1999 年）一书中有详细说明。此书的一个目标就是缩小翻译和语言学研究之间的差距，说明其有互补之处。因此，Setton 通过回顾近代历史中的各种理论，展示了认为理论框架于口译训练必不可少者的观点，以及其与语言学家和认知科学家的差异。除了探究同声传译研究的历史，Setton 还讨论了其他多个方面的内容，如同步、滞后、处理单元、语速、误差分析以及各种研究方法，如：运用时间和表面变量、语言学计算方法、信息处理模型、注意力分配模型、释意理论，翻译通用理论。Setton 评论 SI 研究方法说，得到共识的一点是，同传研究需要更多的语料库、观察和实验研究，以及对口译练习的反馈。这本书是为了口译研究做出了重要的、跨学科的理论贡献。Setton 不仅解决了一个一直被忽视的问题，也有力地说明了，语用学是可以为其进一步研究提供有价值的理论工具。

4.2　相关概念

　　一些学者提出了分析同传过程的具体方法。Lederer 将同传过程分为三类，其中包括 8 个心理过程。

　　　　连续交替、同时处理

　　　　—听力

　　　　—语言理解

　　　　—概念化

　　　　—通过认知记忆，进行表达

　　　　连续"潜在"处理

　　　　—现场感知

　　　　—自我检查

　　　　间歇性处理

　　　　—转码

　　　　—检索具体词汇表达

另外，Kirchhoff① 也提出了多阶段模式，包括解码、重新编码、产出、检查，还解释了认知语言学解决同传难题的方法。

4.3　吉尔注意力分配模型概览

如吉尔教授援引的那样，进行注意力分配模型（EM）研究的原因有以下两个：a）口译需要译员大脑提供的某种心理"能量"；b）当口译员需要的心理"能量"多于其可提供的"能量"时，其口译将受到不良影响。

同声传译由各种心理过程构成。认知心理学家将心理过程分为自动和非自动的两种。简单来说，源语信息对于口译员陌生时，口译员的思维将进行非自动的回馈，以顺利处理口译信息，这就会消耗一定的心理"能量"。但是，如果译员发现他们相当熟悉源文本，他们将能够执行自动回复，这将节省下一些心理"能量"以备后用。

吉尔教授认为，同声传译员的心理过程以非自动式为主，而它也就是"围绕所需处理容量和处理容量的不足而建立的口译模式的基础"②。

因此，吉尔提出了 SI 的注意力分配模式，它由听力和分析注意力 L、产出注意力 P、短期记忆注意力 M，和协调注意力 C 构成。具体而言，吉尔提到，听力和分析过程，包括所有理解导向型过程，"从分析译员听到的源语言语音声波，到文字定义，再到最终确定话语的含义"。很明显，口译的理解不只是对单词的认识。第二种注意力叫做"产出注意力"，指的是从译员心理反应到最终表达的一系列过程。该模型中的短时记忆注意力分配是非常重要的，这是因为同声传译的过程中，短时记忆过程不断地出现操作。当发言人和译员表达之间有一定间隔时，需要短期记忆。另外，当译员因发言者逻辑不明确、信息密度大、语言结构非常规、甚至表达中的口音问题，需要等待片刻，重构可读信息，以给听众提供流畅、易懂的翻译时，也需要短期记忆。因此，一段时间的等待需要短期记忆，以为译员争取时间。最后一项注意力分配为协调注意力 C，其作用是协调此三种

① Kirchhoff，H. *Simultaneous Interpreting*：*Interdependence of Variables in the Interpreting Process*，*Interpreting Models and Interpreting Strategies* [M]. London and New York：Routledge Limited London，2002：115 - 129.

② Gile，D. *Basic Concepts and Models for Interpreter and Translator Training* [M]. Amsterdam/Philadelphia：John Benjamins Publishing Company，1995.

注意力的分配。

然后，吉尔得出同传模型：

$$(1)\ SI = L+P+M+C$$

（L：听力和分析；M：记忆；P：产出；C：协调）

一般情况下，在任何时间点上，这三个基本的注意力都在处理 SI 讲话的不同部分。当口译由一系列 A、B、C 等语言片段构成的讲话时，产出可能在处理 A，记忆处理 B，而听力和分析处理 C。然而，仍有部分注意力在某段时间中有所重合。而且，通常情况下，这三种基本注意力是被同时激活的。现在有大量的证据表明，至少在某段时间里，译员要同时听和说。因此总处理容量要求（TR）仅是个人处理容量要求的一个总和（虽然不一定是算术和，因为有些资源可以被共享）：

$$(2)\ TR = LR+MR+PR+CR$$

（LR＝L 的容量要求，MR＝M 的容量要求，PR＝P 的容量要求，CR＝C 的容量要求）

根据吉尔的观点，在每个时间点上，每种注意力具体的处理容量要求取决于当时正在处理的任务—特别的理解、短期记忆、产出过程都在特定的信息片段上进行。由于输入语流不同，而其片段组成了译员加工的单元，各种要求具有高可变性的特点[①]，对于每种注意力的处理容量要求可以在几秒钟，甚至几分之一秒之内，迅速变化。

任何时候，为了同声传译顺利，每种注意力（LA，MA，PA 和 CA）中可使用的容量必须大于等于任务所需容量：

$$(1)\ LA > LR$$

LA：可使用于 L 的容量

$$(2)\ MA > MR$$

MA：可使用于 M 的容量

$$(3)\ PA > PR$$

PA：可使用于 P 的容量

---

① Goldman-Eisler, F. Segmentation of Input in Simultaneous Translation ［A］. In Pöchhacker, F. & Shlesinger, M. (eds.)., *The Interpreting Studies Reader* [C]. New York：Routledge，2002：69 - 76.

（4）CA＞CR

CA：可使用于 C 的容量

这使得总可使用容量（TA）必须大于等于所需要的总容量（TR）：

（5）TA＞TR

TR 可以视为个人需求和：TR= LR+MR+PR+CR。吉尔还强调，如果任何时间点上可使用的总处理容量都是有限的，模型就是有意义的。

到目前为止，本文已经介绍了注意力分配模式两个主要的概念，分别是所需的处理容量要求和可用的处理容量。简单来说，如果口译可用的容量能满足相应的要求，口译员就可以给出合格、流畅的口译。但是，如果处理容量要求有所增加，相应口译员可用的处理容量就会面临挑战，要寻找满足增加了的要求的方法。否则，口译过程中处理容量要求的增加，将导致整个口译的彻底失败。

4.4　同传中的注意力分配

吉尔的注意力分配模型具有很强的解释力。本节主要分析注意力分配对注意力分配模式中每个因素的影响，并说明了正确的注意力分配对于同声传译质量至关重要。

注意力分配的过程，应建立在上述认知理论的分析上。人类大脑可以作为一个具有处理信息的有限存储空间的通道或盒子。这意味着，对于人脑来说，同时处理过多的信息是有困难的。在同传中，注意力要分配到三个主要任务上：听力和分析、记忆，以及信息处理的产出。因此，译员必须协调在上述每一个过程中的注意力的分配。口译任务越困难，处理过程中需要的信息处理容量越高。如果注意力被过多地分配到注意力分配模型中的一个或多个信息处理活动中，则其余活动会受到严重影响，进而对整个口译过程的质量产生负面影响。例如，当译员过于注重听力和分析过程时，他分配到产出、记忆、协调上的注意（注意力和时间）就会减少。这会导致此译员口译和记忆的负担过重。有时，口译员过于精益求精，使得信息听取和分析上的注意力都转向了口译。即使是经验丰富的口译员，也宁愿选择其脑中迅速形成的不完美的口译句子，以保证口译的流畅性。因此，口译员是否能够协调并适当地分配注意力，对口译的质量有直接影响。

根据前面的分析，由于同声传译是后天实践，SI 需要译员处理口译的主观能动性和注意力的高度集中，当务之急是适当处理注意力问题。作为多任务处理过程，同声传译包括听、说、理解和检查，它们之间相互影响。如果译员不能将注意力分散到多任务处理上，而是专注于一个任务，那么，同声传译将难以成功地进行①。因此，译员应该充分利用他们的注意力，巧妙地将自己的注意力分配到不同的任务上，以保持稳定的输出，成功地完成整个处理。

4.4.1　同声传译存在的问题及障碍

听和理解源语言是做好口译的前提。在接收信息的过程中，注意力分配不均通常会造成两个常见问题：信息缺失和理解错误。

通常由分布式注意失衡造成的两种最常见的问题是损失。同声传译的两个基本要求是"让每个句子完整表达，并被清楚听到、理解"②。同声传译中最具挑战性的任务之一是把源语言精准正确地转换成目标语言③。而在信息的再表达过程中，口译初学者往往将更多的注意力分配在目标语言的重新表达上，而口译质量并不像他们想象的那样好。而当译员过于注意源语言听力时，重组和重新表达就会受到影响。此外，在实践中，口译员不会极具批判性地听自己的表达。因此，会出现一系列的重组问题。AIIC 工作量研究中讨论、解释了同声传译中信息的遗失问题。有些发现表明，即使口译初学者注意力高度集中于信息接收和传递，目标语言的质量仍不尽人意。不当的注意分配会影响目标语言的质量。因此，一方面，译员将无法用目标语言给出自然流畅的、正确翻译；另一方面，口译员的口译中还会出现一些语法和逻辑错误。此外，口译员们也应将注意力的一部分分配到输出的内容和形式上。有时候，口译员有意识地不调整说话速度，使发言人和观众的互动受到影响或者使自己忘记控制语气和节奏，这会造成不当的停顿。缺乏自我检查和自我监测带来的问题，甚至会使听众质疑口译员的工作能力。为了实现讲话的效果，口译员应将适当的注意力分配于自己同声传译的检查上。

---

① 仲伟合，詹成．口译专业教学体系的构建——广外口译专业教学体系理论与实践（之一）[J]．中国翻译，2016（6）：39-42.

② 仲伟合，王斌华．口译研究方法论——口译研究的学科理论建构之二．仲伟合 [J]．中国翻译，2010（6）：18-24.

③ 白秋梅．同声传译中的积累——成长为优秀译员的必由之路 [J]．中美英语教学，2007（5）：41.

4.4.2　注意力分配的影响因素

据吉尔提出的注意力分配模型，注意力只有将分配在听和分析、记忆、产出、协调多个任务上，译员才能处理整个同声传译任务。显然，同声传译是一个认知过程，这些注意力分配需要译员的注意力。当译员将其注意力分配到不同的任务上时，有些因素可能会影响译员有限的注意力。这些因素可以分为两种。一种是由译员自己的处理容量造成。Jones 认为，在同一时间点上，译员集中在某一任务上的注意力越多，出错的风险就会越大。因此，如果一个任务需要较多注意力，比如占据了大部分的注意力的倾听和分析，译员可能会丢失信息，在检查自己译文上的精力也会减少。译员可能会遇到未知的单词。有时，同声传译员会在思路或同义词上"卡壳"。另一种分心的可能是由于回想或担心翻译过的内容。还有一种是与一些外部因素有关。有时外部事物会分散译员的注意力，如发言人的口音、外面的天气，或房间里可以看到的细节。当这些杂念使注意力下降时，口译结果往往不令人满意。

4.4.3　SI 注意分配的训练方法

首先，口译员要加强语言能力、超语言知识和其他口译能力，让译员能够协调处理同声传译中的听和分析、记忆和产出。否则，译员可能会因为个人的语言问题分心。其次，同声传译中，注意力必须最大化地集中。注意力集中是必备意识①。口译员应将注意力放在任务上，不因天气、观众等外部条件而分心。最后，注意分配能力应通过培训培养。应有效使用和分配注意力，只有这样，译员才能解析性听取他人发言，批判性检查自己的输出。这也是同声传译的本质所在。

一些研究表明，在口译员获取信息的时候要训练其激活、分配注意力的能力②。有些学者甚至把口译的注意力比作一个大"蛋糕"，它可以分为十份，其中，三份为口译熟悉的内容，七份用于新信息的听和分析。同声传译最本质的特

---

① 刘宓庆. 当代翻译理论［M］. 北京：中国对外翻译出版公司，2001.
② Gerver, D. *A Psychological Approach to Simultaneous Interpreting*［J］. *Meta*，1975. 20（2）：20－125.

点是在听原文的同时，用目标语表达，正式进入同传室前，应该训练我们分隔注意力的能力。因此，初学口译者开始练习同声传译时，应先学习如何积极控制注意力，并将注意力协调分配到听、分析、记忆和翻译不同任务上。此外，注意力共享策略也必须作相应的调整①。鼓励学员通过手、脚和思想同时做不同的事情。例如，学员进行左手画圆右手画方的练习。弹钢琴、驾驶汽车，也是促进注意力分配培养的好方法②。

（1）影子训练

影子训练是一种练习人逐字重复源语言的自我训练的方法。最初练习者可以重复 2 至 3 秒内的语言③。之后，可以推迟开始重复的时间。这是培养人们注意力分配的一种实用方法。影子训练中，联系人要同时听、说。这是合格同传译者培训的敲门砖。

（2）倒数数字

在听文章或演讲时，练习者从三位数数字开始出声倒数。当演讲结束时，停止计数。然后，练习者必须头头是道地准确复述说话内容。与影子训练相比，用倒数数字来训练注意力分配的方法，更加困难、复杂。这种方法模拟了多任务处理时，同声传译员会面对注意力分散风险时的真实情景。因此，倒数数字可以帮助练习者逐步体验 SI 工作模式。

5. 结论

同声传译就是语言的感知、理解、翻译和产出并行的，在极大的时间压力下进行的一个复杂的话语行为。许多因素，如语言能力、工作记忆和正规培训等的长度可能会影响同声传译的表现。

在本节中，笔者着重讨论了此多任务认知过程中注意力分配问题。开篇引入注意力分配模型，作为理论基础。通过吉尔提出的协调的同声传译模式，呈现译

---

① Daro, V. & Fabbro, F. Verbal Memory during Simultaneous Interpretation: Effects of Phonological Interference [J]. *Applied Linguistics*, 1994 (15): 365 - 381.

② 管玉华. 英语同声传译指津 [M]. 上海：上海外语教育出版社，2011.

③ Gerver, D. A Psychological Approach to Simultaneous Interpretation [J]. *Meta*, 1975 (2): 20 - 25.

员的注意力分配这一个巨大的挑战。然后讨论了注意力分配的问题和障碍。根据现场记录，如果译员无法协调地将注意力分配到每一部分，信息的接收和重新表达都将受影响。最后，为口译质量和译员表现的改善，明确提出了注意力分配建议和训练方法。根据前面的理论和分析，可以得出结论，由于同声传译技能是后天训练而来，妥善处理口译员的注意力问题，是必要而关键的。作为多任务过程，同声传译包括听、说、理解和检查，各部分间相互影响。如果译员不能将注意力分散到多任务处理上，而是专注于一个任务，那么，同声传译将难以成功地进行[①]。因此，译员应该充分利用他们的注意力，巧妙地将自己的注意力分配到不同的任务上，以保持稳定的输出，给出合格的表现。

第三节 交传过程中的注意力分配研究

1. 引言

口译是一个包括信息接收、心理加工和目标语表达的认知过程。具体来说，交替传译涉及听、分析、笔记、记忆和再现等心理活动。短时间内完成这些任务绝非易事。合格的口译员，不仅要完成每项活动，还要将其进行良好的协调。本文主要通过吉尔的注意力分配模型和认知心理学中其他的三个注意力理论，讨论交替传译过程中有限注意力的分配问题。

2. 文献综述

2.1 口译研究

口译活动可以追溯到几千年前，口译研究则在 19 世纪 50 年代的西方才开

---

① 仲伟合，詹成．口译专业教学体系的构建——广外口译专业教学体系理论与实践（之一）［J］．中国翻译，2016（6）：39 - 42．

始。口译研究经历四个主要阶段：前研究时期、实践心理学时期、从业人员时期和新时期。前研究时期，主要研究口译员的个人经历、工作环境；语言和知识要求；遇到的困难，以及和客户的关系。这很难说是正式的理论研究。之后，认知心理学理论被用于研究口译的过程，但由于缺乏实践经验，仍然不令人满意。随着口译员将理论研究带入口译当中，口译研究进入了从业人员时期。这一时期的代表成就是 Seleskovitch 和 Lederer 提出的法国释意理论。其后，1986 年，在意大利召开的一次重要口译会议是新时期的转折点。这一过程体现了口译研究的跨学科发展趋势。

2.2　注意力简介

在过去的二十年里，注意力一直是感知和认知领域研究中，被研究最多的一部分。注意力理论已经被应用在许多其他研究领域中的各种心理现象的解释上。交替传译就是其中之一。人们认为，注意力在交传中起着重要作用。注意力的两大特点是选择性和分配性。在交替传译和注意力理论的基础上，人们证明了，注意力在交替传译过程中是有效的。

一百年前，功能主义心理学派的创始人 William James 在其《心理学原则》一书中说道："每个人都知道注意力是什么。它清晰、生动，存在于思想中同时存在的几个对象或链条的其中之一上。注意力集中是思想的本质。这说明，人们有时从一些事物上撤回注意力，以有效地处理其他事。"[①] 正如 Richards、John、Platt、Heidi Platt 所说，注意力是人专心于某事或事物的某一部分而忽略其他事物或部分的能力[②]。

的确，无论怎样努力，我们都无法注意我们周围全部的事物，因为注意力容量有限。一旦超越容量限制，人们就会自觉或不自觉地忽略一些事物。Williams 和 Burden 从另一个角度来定义注意力。他们把注意力视为选择有价值信息，使

---

① William，J. *The Principles of Psychology* [M]. New York：Henry Holt and Company，1890：403 - 404.

② Richards，J.，Platt J. & Platt，H. *Longman Dictionary of Language Teaching & Applied Linguistics* [Z]. Beirut：Librairie du Liban Publishers，2007.

其进入自己思想的方法①。

　　注意力分配性指的是，人们可以将其注意力分配到两个或更多个不同的对象或活动上。这种特点在日常生活中很常见。注意分配的程度依赖于一系列的主客观条件。从客观条件来看，同时进行的活动相似性越大，共同进行的困难就越大。此外，同时进行的活动越复杂，注意力分配越难。从主观上来讲，注意分配主要和进行这些同时性活动的人的能力有关。只有这些活动之中有对于执行者来说很熟悉的活动时，注意力分配问题才可以顺利处理。

2.3　吉尔的注意力分配模型

　　许多研究关注认知在口译过程的工作方式。因此，各种口译理论都或多或少地提及认知。西方有以 Danica Selekovitch 和 Marianne Lederer 为首的法国释意理论、Daniel Gile② 的概念等，国内有刘宓庆的口笔译研究③、夏达口译培训模型等。所有这些理论中都可以看到认知这一因素的影子。

　　Daniel Gile 在其介绍口译理论的书《口译和笔译训练中的基本概念和模式》中，提出了注意力分配模型④。吉尔教授自己本身也是一名口译员。他长期同时从事口译研究和口译培训。在中国口译界，他的作品经常被引用。事实上，早在19 世纪 80 年代，研究人员就已经在信息误解和口译遗漏问题方面，分析了注意力分配问题。吉尔认为，导致这种现象的原因有很多，不应该盲目责怪犯错的口译员。他认为，口译任务所需总容量必须小于口译员可用的总容量。更重要的是，此过程每个阶段所使用的精力，必须小于大脑提供的精力。但冯之林教授认为，这种模式强调了口译员的局限，而不是口译结构的局限⑤。换句话说，我们不能就此推测，口译的执行上是有局限的。不过，他也提到，包括翻译理论在内

① Williams，M. & Burden，R. L. *Psychology for Language Teachers* [M]. Cambridge：Cambridge University Press，1997：15 - 16.

② Gile，D. *Basic Concepts and Models for Interpreter and Translator Training* [M]. Amsterdam/Philadelphia：John Benjamins Publishing Company，1995.

③ 刘宓庆. 口笔译理论研究 [M]. 北京：中国对外翻译出版公司，2003：23 - 25.

④ Gile，D. *Basic Concepts and Models for Interpreter and Translator Training* [M]. Amsterdam/Philadelphia：John Benjamins Publishing Company，1995.

⑤ 冯之林. 从认知角度剖析吉尔的认知负荷模式. 蔡小红（主编），口译研究新探——新方法、新观念、新趋势 [M]. 香港：开益出版社，1995.

的所有理论，都应该具有以下特点：经验主义、宿命论、简约性和通用性。注意力分配模型也具有以上四个特征。年轻一代的口译研究者们已经在注意力分配模型上做了诸多研究，如张丽华的《影子跟读与同传训练》①、郭伟的《口译原语材料特征对同声传译活动的影响》② 和钟钰的《脑力分配模式与口译中的笔记训练》③。他们都证明了注意力分配模型有经验主义和宿命论两种特质。注意力分配模型的简约性和通用性，也适用于同声传译和交替传译的研究。总之，吉尔的注意力分配模型说明，译者大脑中的处理容量必须比口译任务所需的容量大。以上是关于注意力分配模型的研究。

3. 本文理论基础

3.1　交替传译

口译是口头信息或文本的口头表达。在专业用语中，口译指的是，将一种语言形式转化成其等效或近似等效的另一种语言形式。根据口译者的工作模式，口译可分为同声传译（SI）和交替传译（CI）。

同声传译（SI）是指口译员在不打断发言人的情况下，持续地将发言人所说的内容传递给听众。发言人"讲话"和"口译"几乎是同时开始和结束。口译员只比发言人晚一点。自 1945 年纽伦堡审判起，同声传译开始了广泛使用。

交替传译（CI）则与同声传译不同。发言人结束一段讲话之后，口译员利用其后的间隙时间，用目标语表达其讲话内容。其后，发言人继续讲话，并适当停顿，给口译员适当的时间口译。交替传译在商务会议、新闻发布会、外交谈判和研讨会等场合中广泛采用。交替传译在巴黎和会之后，逐渐进入了专业化水平。

---

① 张丽华. 影子跟读与同传训练 [D]. 广州：广东外语外贸大学，2001 (6)：43 - 44.
② 郭伟. 口译原语材料特征对同声传译活动的影响 [J]. 外语研究，2001 (4)：32 - 34.
③ 钟钰. 脑力分配模式与口译中的笔记训练 [J]. 外语研究，2002 (9)：67 - 69.

3.2　注意力理论

3.2.1　布鲁德本特过滤器模型

"过滤器模型"概念首次由布鲁德本特提出。该理论指出，存在一个控制感知或意识的选择性过滤器，而其容量有限。注意力的作用相当于一个"全或无"过滤器，指挥着感官输入或通道的处理工作。只有经过全面分析的输入才是可用的意识。任何其他输入都会被完全阻塞在有意义的加工和意识之外[1][2]。

过滤器理论迅速成为解决人类认知活动中信息处理问题的最有影响力的模型。总结起来说，过滤器模型告诉我们两个结论：第一，注意力的选择基础是感官信号的物理特性，而不是输入信息的意义。第二，无意的输入不会影响紧随其后的行为，因其在到达感知阶段之前就已被过滤出去了。

3.2.2　特瑞斯曼的衰减模型

特瑞斯曼提出了另一种选择模型，命名为"衰减模型"。与布鲁德本特"全或无"过滤器不同，她认为注意力是衰减器。此外，她将布罗德本特的单通道修改为了多通道。她认为，无论是有意获取的信息还是无意的信息，都会同时进入。但是，对于无意信息的感知相对较弱，有意信息仍是注意力集中的焦点。更重要的是，特瑞斯曼提出，存储的信息可能有激活的阈值。阈值越低，信息越容易被激活。如人名是有很有内含的信息，阈值非常低，可以毫不费力地被激活[3]。

3.2.3　注意力容量模型

前文讨论的所有选择模型提到了处理多个输入的能力是有局限性的，而卡内曼的容量模型[4]提到我们的心理资源是有限的。这就是说，我们将一定的认知容

---

[1]　Hunt，R. R. & Ellis，H. C. *Fundamentals of Cognitive Psychology* (Seventh Edition) [M]. New York：The McGraw-Hill Companies，Inc，2003.

[2]　Broadbent，D. E. *Perception and Communication* [M]. London：Pergaman Press，1958.

[3]　Reed S. Cognition：*Theory and Application* [M]. Monterey：Brooks/Cole Publishing Company，1982：42-43.

[4]　Kahnman，D. *Attention and Efforts* [M]. Englewood Cliffs，NJ：Prentice-Hall，1973.

量，分配到需要处理的不同任务上。不同任务对于容量的要求不同。同时进行的活动的数量，取决于每个任务需要的容量。如果任务需要高度集中的注意力，人们就会无法同时处理其他的任务。在此模型中，注意力分配是将资源或容量分配给不同输入的过程。此外，注意力决定着哪些任务应该被处理，以及任务处理的效果如何。

3.2.4 吉尔交传注意力分配模型

吉尔的注意力分配模型是基于两个假设[1]。

第一，口译活动需要人脑提供的某种"精力"，而这种"精力"是有限的。

第二，人脑中的总精力在口译的过程中可能被耗尽。当能源供不应求时，口译员的表现会受到影响。

这并不是人们第一次将口译员不良表现和人类大脑超负荷联系起来。此前，Printer 已经提出过此观点，其他的一些学者也认为译员表现和短时记忆密切相关。其后，一些学者试图从认知心理学中注意力的概念、人脑自动和非自动处理的角度，破译此现象，并提供有价值的信息，这将吉尔的直观认知模型和一些实证研究联系起来。

交替传译中（CI），口译员和发言人交替发言。发言人说几句话甚至一或几段后，为口译需要而停顿一段时间，口译员则利用这段时间翻译这部分源语内容。因此，交传这一过程中，包含两个阶段：一是听的阶段，口译员听源语言语的内容，通常也会做笔记；二是重组阶段，口译员通过记忆和笔记完成目标语的讲话。

听的阶段的模型如下：

$$CI = L + M + N + C\text{[2]}。$$

L 是听和分析，M 是短时记忆。

正如在同声传译中一样，这发生在接收源语信息和将其记录下来之间的时间段，或是口译者决定不做笔记的情况中，也可能是信息从工作记忆中消失的情况

---

[1] Gile，D. *Basic Concepts and Models for Interpreter and Translator Training* ［M］. Amsterdam/Philadelphia：John Benjamins Publishing Company，1995：161.

[2] Ibid，179.

下。N 代表笔记，不同情况下，笔记也会有所不同。

特别要注意的一点是，交传笔记不能囊括源语讲话中所有的信息，而只能充当口译员从记忆中提取信息的提示。因此，N 上的注意力决定了哪些信息应被记录下来、怎么记以及决定之后如何实施。C 和同传中的情况一样，指的是协调。

重组阶段的模型如下：

CI（重组）＝ Rem＋ Read＋ P[①]

Rem 是指记忆，包括记忆中对源语讲话段的回忆，这与第一阶段的短时记忆（M）不同。Read 指的是读出第一阶段所做的笔记。笔记中储存着口译员工作记忆中完整的信息或意义，而笔记阅读是其延伸。和同声传译中一样，P 是分配在产出上的注意力。第二阶段比第一阶段更为复杂，因为其包括长期记忆和笔记行为。然而，口译员良好的笔记，有利于其记忆，并可以减少记忆所需的容量。

据吉尔的观点[②]，只有满足以下条件时，交替传译才能成功：

（1）LR＋ NR＋ MR ＜TA

　　LR 代表 L 所需的容量

　　NR 代表 N 所需的容量

　　MR 代表 M 所需的容量

　　TA 代表可用的总处理容量

（2）LR ＜LA

　　LR 代表 L 所需的容量

　　LA 代表 L 可用的容量

（3）NR ＜NA

　　NA 代表 N 可用的容量

（4）MR ＜MA

　　MR 代表 M 所需的容量

　　MA 代表 M 可用的容量

① Gile，D. *Basic Concepts and Models for Interpreter and Translator Training* ［M］. Amsterdam/Philadelphia：John Benjamins Publishing Company，1995：179.

② Ibid 1.

（5）CR＜CA

　　CR 代表 C 所需的容量

　　CA 代表 C 可用的容量

在上述条件中，第一个条件解决的是总可用容量问题。它说明了，在交替传译中可用的总容量应超过听、笔记、记忆所需容量的和。后面的四个条件说明，每阶段可用容量应该满足任务要求。

3.3　口译过程中的注意力分配

3.3.1　听力、分析或理解注意力分配

吉尔认为，分配在听力和分析上的注意力，从口译员对听到的源语声波所做的分析、单词辨别，到讲话内容的最终确定，都由理解导向型处理组成①。虽然目前尚不清楚对源语讲话的理解达到何种程度时，才能进行口译，但吉尔确信，只有理解达到一定的水平时，译员才能了解源语讲话的基本逻辑。他还补充说，除了一些名字可以被口译员简单地模仿发音之外，口译员至少应该理解源语讲话中单词的意思②。

在吉尔的观点中，识别单词为理解的第一步，是一个非自动的过程，因为他认为，我们听到的声音和说话者发出的单个音素、单词或词组之间，并无一一对应的关系③。不同人说话的方式不同，就算是同一个人，在进行相同讲话的时候，也会有不同的发音。要识别输入的声音，就要对存储在长期记忆中的不同模式进行分析、比较。

然而，由于事实上，口译中的理解不单是辨别单词。它还包括句子和语篇水平的理解，还有译员运用言内、言外、分析知识的能力的复杂过程。因此，在口译中理解是非自动的过程，是处理能力管理的关键。

正如吉尔在书中所说，理解是完成这些过程的前提。因此，他在书中提出了

---

① Gile，D. *Basic Concepts and Models for Interpreter and Translator Training* ［M］. Amsterdam/Philadelphia：John Benjamins Publishing Company，1995：162.

② Ibid.

③ Ibid，163.

理解的公式①，即：C＝KL＋ELK＋A（言内知识＋言外知识＋分析）。从上述等式中，我们可以看到，言内知识和言外知识相互依存。符号"＝"不代表其真正的相等，"＋"也不是简单的加法。它们是彼此的相互作用。它们之间的关系是互补的。换句话说，如果口译员既擅长言内知识，又擅长言外知识，会促进他（她）对源语讲话的理解。也就是说，知识掌握越好，理解就越好。同样，如果两种知识中的一种薄弱，另一种可以进行补偿。因此，如果口译员言内知识薄弱，而其擅长言外知识，他对源语的理解可能会相对较好，反之亦然。口译员的言外知识通常比说话者薄弱，因此，理解这一过程在口译中尤为重要。

3.3.2　记忆和笔记注意力分配

（1）记忆

口译员必须记住源文本的内容和关键信息，并努力进行理解。因此，正如注意力分配模型提到的那样，记忆也是口译中一个非常重要的组成部分。Baddeley②认为，记忆是人脑中经历事情的反映。一般来说，记忆可以分成瞬时记忆、短期记忆和长期记忆。瞬时记忆是最短的记忆，信息持续时间只有0.2到0.25秒。其中大部分信息会自动消失。然而，也有部分信息会被保存在人脑或长期记忆中。根据心理学理论，短期记忆可以持续一分钟左右，拥有7±2块的容量。其容量局限表明，对于未受过训练的译员来说，很难记忆7个以上不相干的数字或专有名词。长期记忆是长时间存储信息的主要方式。其持续时间从一分钟到一生不等，存储信息容量巨大。

很明显的是，上述记忆与口译任务有关。通常来说，瞬时记忆与听和分析源文本有关，而短期记忆和长期记忆与内容的储存、关键信息等相关。长期记忆也与译员第二语言的能力和任务前的准备工作密切相关。

译员记忆时，必须要将精力放在记忆的内容上。因此，注意力是记忆的前提。William James认为，每个人都知道注意力是什么。它清晰、生动，存在于思想中同时存在几个对象或链条的其中之一上。注意力集中是思想的本质③。

---

① Gile，D. *Basic Concepts and Models for Interpreter and Translator Training* [M]. Amsterdam/Philadelphia：John Benjamins Publishing Company，1995：80.

② Baddeley，A. D. *The Psychology of Memory* [M]. New York：Basic Books，Inc. Publishers，1934.

③ William，J. *The Principles of Psychology* [M]. New York：Henry Holt，1890：403－404.

Healso 将注意力分为被动注意力和主动注意力两种。主动注意力的是自上而下的，而被动注意力则是自下而上的。心理学家证明，刺激驱动注意力比目标注意力的驱动性强。一般来说，口译使用的是被动注意力，因为它由发言人激活。如果不将注意力放在发言人讲话的内容上，口译员将无法口译。

理解是记忆的条件。译员应该记住发言人说话的内容，而不是形式。这也符合释意学派的理论。一般来说，含义不是孤立的，而是彼此联系的。因此，口译员要提高效率，就必须分析、推理、整合信息。

（2）笔记

口译任务中，我们可能需借助笔记来促进口译的完成。但这绝对不是听写或速记。记笔记是一种帮助译员记忆的有效方式，它会减少口译所需的记忆容量。笔记一定要简单、明了，并运用直观的图像。这对于译员的理解、推理非常有帮助，而且易于阅读。Seleskoviteh 认为，交替传译中的笔记具有个性化和暂时性的特点。它是内容的载体。笔记是有益的，因为其可帮助译者集中精力，并作为译员口译时的提示。

吉尔的注意力分配模型将笔记和源语讲话内容的再现紧密联系在一起。如果笔记做得好，译员就会回想起短期记忆的内容，提供流畅的口译，总容量也将得到很好的管理。然而，在笔记上花费太多精力也会引发一些问题。

欧盟的培训非常注重笔记的自动化。也就是说，译员应该尽可能减少花在笔记上的精力。因此，译员应更注重理解和记忆演讲内容，而这种记忆取决于其大脑，而不是其笔记。

从注意力分配模型的分析中，我们可以清楚地看到，理解在口译的整个过程中，发挥着极其显著的作用。如果没有对源语讲话中所传达内容的理解作为其后处理的基础，口译将难以实现。口译中的理解，实际上是口译员信息处理的过程，在此过程中，译员注意力集中在整体内容上，处理源语说话信息，将其存储，为下面的口译工作做准备。

很多初学者在做笔记上花费过多的时间和精力，他们几乎要记下一切信息，但结果总是令人失望。尽管记下了很多信息，其仍然不能做好口译。究其原因，可以归结为其注意力或精力分配不成比例。

3.3.3　产出注意力分配

产出是指对目标语言的输出。言语的产出往往耗费很多精力。吉尔认为，不同口译条件下，言语的产出是不同的。他进一步解释说，口译员不是随心所欲地畅谈自己想表达的内容，而必须跟随源语发言人的脚步，不得不经常把时间花在选择正确的单词和决定如何使用语法正确的句子[①]。此外，不同语言的单词组合习惯不同，这使得译员言语产出任务比发言人的产出难度大。有时，在某些情况下，发言人字词、短语或句子的选择，可能会帮助口译员理解源语讲话，但是，在另一些情况下，这也可能会使口译任务变复杂。

"如果口译员运用源语言词语和结构，来促进其目标语言语的构建，该言语产出过程会变得脆弱，因为口译员可能会因为两种语言中的句法、语法上的差异卡在某点，也会受到此两种语言之间语言干扰的影响。而且，由于对源语本身的过分关注，存在过于表面地处理输入言语的危险"[②]。

因此，由于源语言的影响、源语言和目标语言之间的差异，口译言语产出工作较为困难。除了上面提到的这些困难，口译产出还有另一个问题，即口译员对翻译领域不熟悉，对此领域中使用的语言也不熟悉，特别是专业术语。因此，总结来说，吉尔认为，口译言语产出是一种非自动处理过程[③]。

4. 原因和建议

正如注意力分配模型观点中所说，口译实际上是一个多任务的过程。为了成功地完成口译任务，总处理容量必须大于每个任务所需容量的总和。不难理解，译员面临的最大困难是如何在保持精力分配平衡的同时，完成这些任务。因此，为了协调口译中的每个任务，口译员必须同时完成两件、三件，甚至四件事情。那么，注意力和精力分配不成比例的原因有哪些？如何处理这一问题呢？这些问题将在下面的部分中讨论。

[①]　Gile，D. *Basic Concepts and Models for Interpreter and Translator Training* [M]. Amsterdam/philadelphia：John Benjamins Publishing Company，1995：166.

[②]　Ibid.

[③]　Ibid，168.

精力分配不平衡的原因如下：

（1）双语能力不足

双语能力会影响对源语的正确理解和目标语的质量。如果语言能力不足，口译员会将更多精力放在听和分析以及产出上。这必然会影响到其他口译任务。例如，如果译员遇到不熟悉的单词、句子或结构，其精力就可能会被分散，因为他不得不花费更多的精力去识别这些不熟悉的句子或结构，这将影响对整个信息或表达的理解。

（2）言外知识不足

言外知识主要包括百科知识和学科知识。这两部分是理解发言人话语含义的前提和基础。口译员和发言人的认知越接近，越能理解发言人话语的含义。与此相反，认知知识不足，则会导致理解困难，错过新的信息，这将导致精力分配的不平衡。

（3）口译的任务超负荷

信息过于密集或专业信息过多，以及发言人的语速过快，都会增加译员处理任务的难度，加快大脑疲劳。这会导致口译员无法专注于其任务，出现精力分配失衡现象。另一方面，如果讲话者有一份精练、有序的演讲稿，而毫不顾及口译员读稿子，口译员任务的处理可能极其费力[①]。

（4）口译员的心理素质

心理素质在口译任务中发挥了关键作用。口译质量往往是各种心理活动的反应，包括克服困难、控制情绪，以及调整行为等等。事实上，翻译过程中紧张很正常。适度的紧张有助于译员注意力的集中。然而，过度紧张或怯场会阻碍口译员的处理。

此外，准备活动不充分、场合的不同、噪音和口误也可能导致译员紧张。从上面的分析，我们可以看出，成功完成任务的关键不仅取决于外部条件，也取决于口译员自身，即取决于多任务处理期间精力的有效分配。

为实现精力的有效分配，口译员可在以下几方面进行改进。

① 提高每单任务处理能力。

② 提高任务之间的协调能力。

---

① 肖晓燕. 西方口译研究：历史与现状［J］. 外国语，2002（4）：18-19.

③ 提高部分任务的自动处理能力，比如笔记。

我们在做口译时，理想的情况是，每一个任务所需的处理容量，小于或等于译员在每个任务上分配的容量。只有这样，口译员才能轻松完成任务。协调好每个任务精力分配的前提条件是，口译员提高其处理每项任务的能力，最大限度地减少处理所用的注意力。

5. 结论

因此，要获得交替传译的成功，口译员必须更科学地分配注意力和精力。导致注意力分配不平衡的原因有很多，如双语能力、言外知识、口译任务超负荷、译员心理素质不佳等。本文提出了实现注意力有效分配的建议。

第四章 口译记忆过程

第一节 口译中的三种记忆系统

　　记忆在口译过程中扮演着重要角色，而口译包含信息感知、编码、存储和检索。从某种程度上说，口译员的记忆能力对口译水平有直接影响。根据认知心理学研究，有三种记忆系统——感觉记忆、短时记忆和长时记忆。每个系统对口译来说都至关重要，并且同其他两个系统紧密相连。考虑到现存研究对记忆有各自的研究重点，本文在研究记忆对口译的重要性之外，更关注三个记忆系统的相关联系，并且根据三个记忆系统，提出记忆训练方法。

1. 引言

　　口译是信息处理的复杂过程，其特征在于口头翻译不同于语言的口语语篇或书面文本。输入信息时，口译员识别并保留输入信息，然后进行分析、编码和存储，最后，回忆、检索保留信息，并将其解码成目标语言。由于信息的流动迅速，口译员和说话者之间停顿时间有限，口译员需有极佳的记忆力。心理学家将记忆视为编码、存储和检索信息的过程。1968 年，认知心理学家 Richard Atkinson 和 Richard Shiffrin[①] 提出记忆的三层存储模式，并断言有三种不同的记忆系统，即感觉记忆、短时记忆和长时记忆，也被认为是信息处理顺序中的三个阶段。

1.1　三种记忆系统的定义

感觉记忆，也称为感觉存储或感官记录，是指通过感觉器官，对所需信息的初始存储，这一过程只一瞬间完成。这时，为筛选出重要信息，并将其传递给短时存储，大脑做了大量的选择工作。从形式的角度来看，口译中的感觉记忆可分作映像记忆，捕获可视信息；声象记忆，存储声音信息；而触觉记忆则表示触觉的感觉记忆。

短时记忆，即 STM，是指记忆存储时，先出现材料的含义，但保留的最大长度相当短，连接感觉记忆和长时记忆。大脑选择感觉记忆中存储的信息，并将合适的信息存储在短时记忆中；同时，大脑可检索长时记忆中的信息，处理 STM 中的信息，并将部分信息存储在长时记忆中。如此，口译员可丰富其知识储备。而且，STM 存在一种特殊类型——工作记忆。"工作记忆"一词最初由 Baddeley[②]和 Hitch[③] 提出，用以描述解决问题或执行任务时，暂时记住事实或想法的过程。尽管资源和信息维持时间均有限，但工作记忆在暂时存储信息方面同短时记忆不同，工作记忆也负责处理信息。

长时记忆即 LTM，存储着所有经历、词语、信息、情感、技巧等，是从感觉记忆和短时记忆中转入长时记忆。Tulving[④] 将 LTM 分为两种：语义记忆和情节记忆。前者是指有关事实信息的知识，如由词语、观念、规则及抽象概念组成的知识，并且是运用语言所必备的，而后者则是指特定事件的记忆，并支持其形成和恢复。

---

① Atkinson, R. C. & Shiffrin, R. M. Human Memory: A Proposed System and Its Control Processes [A]. In Spence, K. W. & Spence, J. T. (eds.). *The Psychology of Learning and Motivation: Advances in Research and Theory* [C]. New York: Academic Press, 1968: 89-195.

② Baddeley, A. D. Working Memory: an Overview [A]. Pickering, S. J. (ed.) *Working Memory and Education* [C]. London: Academic Press, 2006.

③ Hitch, G. J. Working memory [A]. In Braisby, N. R. & Gellatly, A. R. H. (eds.)., *Cognitive psychology (2nd Edition)* [C]. Oxford: Oxford University Press, 2012: 266-295.

④ Tulving, E. Episodic and Semantic Memory [A]. In Tulving, E. & Donaldson, W. (eds.). *Organization of Memory* [C]. New York: Academic Press, 1972.

1. 2 三种记忆系统的重要性

口译员简单搜寻感觉记忆中信息的同时，检索 LTM 中的信息以识别输入模式，筛选 LTM 中和当前工作相关的信息，使之进入并暂时存储在 STM 中。当新的信息进入短时工作记忆，部分曾经的信息会被重组存入更大的单位，部分会丢失，其他的被转入 LTM 供日后检索。考虑到口译包括接收信息、解码、记忆和再形成原始信息类的认知任务，这三种类型的记忆机制在口译过程中发挥着重要作用。

当口译员听或看源语演讲时，感觉记忆发挥作用，口译员可以短时间内保留信息。长时记忆存储多种语言和语言外的知识，当口译员通过促进口译中的理解过程，回忆其现存知识协助当前翻译时，长时记忆发挥作用。Phelan 称，"口译员需要良好的短时记忆记住刚听到的信息，以及良好的长时记忆把信息融入合适的语境中。定力是因素之一，分析、处理所听到的信息"①。Daniel Gile② 也强调 STM 的重要性，将其视为实现成功口译所需的努力之一。

2. 相关研究

记忆力对口译至关重要，因此对记忆的研究长久以来获得口译研究界的认可。首先，人们注意到记忆会影响口译，并以各种方式强调。国内外口译研究人员均强调口译中记忆能力的重要性，始于口译的基本技巧和口译员的基本素质（Gile，1995③；Moser-Mercer，1997④；鲍刚，1998⑤；胡庚申，

---

① Phelan，M. *The Interpreter's Resource* [M]. Clevedon，Buffalo，Toronto，Sydney：Multilingual Matters Ltd.，2001.

② Gile，D. Conference Interpreting as a Cognitive Management Problem [A]. In Pochhacker. F & Miriam，S. (eds.). *The Interpreting Studies Reader* [C]. London：Routledge Language Reader，2002.

③ Gile，D. *Basic Concepts and Models for Interpreter and Translator Training* [M]. Amsterdam and Philadelphia：John Benjamins Publishing Company，1995.

④ Moser-Mercer，B. Beyond Curiosity：Can Interpreting Research Meet the Challenge? [A]. In Danks et al. (eds.). *Cognitive Processes in Translation and Interpreting* [C]. Thousand Oaks，London，and New Delhi：SAGE Publications，1997：176 - 195.

⑤ 鲍刚. 口译理论概述 [M]. 北京：中国对外翻译出版公司，2011.

1993①；李越然，1983②）。但是，上述研究只停留于概念介绍和理论辨析，主要说明口译的性质、特点、结构、功能等方面的问题，但缺乏数学实验设计和具体的实验数据。

　　然后在理论论证的基础上，研究人员采用实地观察、调查、访谈和测试的方法做出定量描述，并分析口译与记忆，尤其是同声传译和工作记忆之间的关系（Moser-Mercer，1997③；Daro & Fabbro，1994④；Liu，，2001⑤；Rothe-Neves，2003⑥）。

　　随着口译的兴起，中国教师和研究人员为提高口译水平，在探索有效的培训方法方面做出努力。但是，中国学术界很少详细阐述独立技巧。许多文章很大程度上局限于对完成口译任务所需的技巧而进行的一般描述（李逵六，1994⑦；徐亚男，1998⑧；王大伟，2002⑨；刘宓庆，2004⑩）。而尽管迫切需要口译记忆训练，但记忆训练技巧只属于泛谈各类技巧的文献的一小部分（仲伟合，2001⑪；孙硕，2002⑫；冯之林、黄跃文，2002⑬；王晓燕，2003⑭）。2003年和2004年，CNKI数据库中只有5篇关于口译记忆的文章（韩振宇、韩立芳，2003⑮；韩小

---

① 胡庚申．怎样学习当好译员［M］．北京：中国科技大学出版社，1993．

② 李越然．建议开展口译工作的研究［J］．翻译通讯，1983（1）：36 - 38．

③ 同上，4．

④ Daro，V. & Fabbro，F. Verbal Memory during Simultaneous Interpretation：Effects of Phonological Interference［J］．*Applied Linguistics*，1994（15）：365 - 381．

⑤ Liu，M. H. *Expertise in Simultaneous Interpreting*：*A Working Memory Analysis*［D］．Unpublished Doctoral Dissertation. Austin：University of Texas at Austin，2001．

⑥ Rothe-Neves，R. The Influence of Working Memory Features on Some Formal Aspects of Translation Performance［A］．In Alves，F.（ed.）*Triangulating Translation*：*Perspectives in Process Oriented Research*［C］．Amsterdam & Philadelphia：John Benjamins Publishing Company，2003：97 - 119．

⑦ 李逵六．口译理论与实践，语言与交际［M］．北京：外语教学与研究出版社，1994．

⑧ 徐亚男．外事翻译——口译和笔译技巧［M］．北京：世界知识出版社，1998．

⑨ 王大伟．现场汉英口译技巧与评析［M］．上海：世界图书出版公司，2002．

⑩ 刘宓庆．口笔译理论研究［M］．北京：中国对外翻译出版公司，2004．

⑪ 仲伟合．口译训练：模式、内容、方法［J］．中国翻译，2001（2）：30 - 32．

⑫ 孙硕．从口译过程看口译技能训练［J］．国际关系学院学报，2002（1）：45 - 48．

⑬ 冯之林，黄跃文．连续传译口译技能分解训练的理论依据、做法和实证研究［A］．口译研究新探——新方法、新概念、新趋势［C］．香港：香港开益出版社，2002：255 - 268．

⑭ 王晓燕．口译特点与口译教学［J］．中国翻译，2003（6）：56 - 58．

⑮ 韩振宇，韩立芳．记忆和笔记在口译中的作用［J］．通化师范学院学报，2003（3）：97 - 99．

明，2004①；安新奎，2004②；李芳琴，2004③；马英迈、孙长彦，2004④）。

这些论文发表在中国主要的口笔译期刊上，根据研究对象可知，论文的研究重点是 STM 而对 LTM 的研究较少。芮敏⑤通过引用词块，探讨提高 STM 的各种方法。仲伟合⑥注重记忆训练，并将重点置于 STM。钟珏⑦发表的文章是基于 Baddeley 的工作记忆理论，主要研究笔记对英汉交替传译质量的影响。上述论文已研究记忆和口译之间的关系，但重点只针对记忆的某一方面和相应的训练方法，未能提供一个统一、系统的记忆训练模式。

为涵盖全面的记忆训练过程，本文更加注重三种记忆系统的相关性，以丰富记忆训练方法。首先，本文欲解释每个记忆系统在口译中如何发挥作用，有什么特点。然后，将详细阐述三种记忆系统的相关性及其在口译中的功能。最后，进一步讨论提高记忆能力的方法。

3. 口译中的三个记忆系统

口译中，三种能力是必不可少的：听力、理解力和记忆力。其中，记忆起着重要的作用。如果没有良好的记忆力，已理解的信息将很容易丢失，重新表达的资源将会减少。自从 Hermann Ebbinghaus 的研究表明记忆的容量是可测量的之后，许多研究都涉及各种记忆的理论，其中，将人类记忆系统概念化的重要方法就是，把记忆看成一系列独立的阶段：感觉记忆、短时记忆和长时记忆。这种信息处理模型，为存储和检索信息过程的研究提供了框架。这三个阶段在口译中都发挥着重要作用：感觉记忆是口译的前提；短时记忆是关键；而长时记忆是基础。

---

① 韩小明. 从记忆机制看口译教学中记忆能力的培养 [J]. 重庆工学院学报，2004 (6)：156 - 158.
② 安新奎. 论口译记忆 [J]. 中国科技翻译，2004 (4)：21 - 23.
③ 李芳琴. 论口译记忆策略 [J]. 中国科技翻译，2004 (4)：17 - 20.
④ 马英迈，孙长彦. 口译中的记忆与理解 [J]. 宁夏大学学报，2004 (4)：78 - 81.
⑤ 芮敏. 论口译记忆效果和改善 [A]. 口译研究新探——新方法、新概念、新趋势 [C]. 香港：香港开益出版社，2002：195 - 203.
⑥ 仲伟合. 译员的知识结构与口译课程设置 [J]. 中国翻译，2003 (4)：63 - 65.
⑦ 钟珏. 做笔记对英译汉连传口译质量的影响 [A]. 口译研究新探——新方法、新概念、新趋势 [C]. 香港：香港开益出版社，2002：417 - 431.

3.1 感觉记忆

存储在感官记忆中的信息持续的时间很短，而且在该阶段的信息未经过处理而得出含义。感觉记忆减退的速度非常快，典型的感觉记忆在感觉之后的 200—500 毫秒（1/5—1/2 秒）就会消失，显然，连一秒钟都不到。实际上，因持续时间短，它通常被认为是感知过程中的一部分，但它对于短时记忆中的信息存储来说是重要的步骤，通常也被认为是一种超短时记忆。

它需要经过下一步骤的加工——模式识别，其中，不是所有的信息都可以被加工。保持在不同类型感官记忆中的物理刺激，将被仔细分析。通过选择过滤系统决定哪些刺激需要进行进一步处理，而其余的将遗落。注意力起了决定性作用：只有口译员关注到的信息才能被选择，进入 STM 进行加工。感觉记忆的作用就是详细展现整个感觉体验，其中相关的信息段被短时记忆提取，并在工作记忆中得到加工。

3.2 短时记忆

短时记忆是一个概念性的系统，该系统不仅存储信息，也用作预演、编码、检索和做出决定。信息以有序的、对个人来说熟悉而有意义的图像和图案形式进入短时记忆。顾名思义，短时记忆存储信息只能停留很短的时间，约一分钟左右。此外，STM（短时记忆）的能力也有限。乔治·米勒[1]称，短时记忆容量为 7+或−2 离散的信息单元。他还创造了 "chunk"（"块"）一词，来表示暂时这些单位的储存处。他认为，块是将刺激存为单元的、有意义的集合。通过分块，人们可以将几个输入元素结合成一个组，以便减少短时记忆占用的空间，使信息的总容量变多。口译员分析、理解、处理源语言输入的速度越快，短时记忆就越佳。因此，译员的注意力应该集中在关键的信息上，以确保短时记忆的效果。

与 STM 被动的信息储存相比，工作记忆过程更具活力。一般而言，不同点有三个方面。首先，工作记忆强调存储和处理同一时间的信息，而短时记忆仅着

---

[1]　Miller，G. A. The Magic Number Seven Plus or Minus Two：Some Limits on Our Capacity for Processing Information [J]. *Psychological Review*，1956（63）：81 – 97.

重于信息存储。其次，工作记忆是一个多因素系统，而短时记忆是单一系统。第三，对于很多高级的大脑功能，甚至几乎所有的人类认知工作，工作记忆比短时记忆更为重要。

3.3　长时记忆

长时记忆（LTM）是人们知道并记住的所有内容：情节记忆、语义记忆以及 LTM 的说明性或程序性的知识。LTM 功能是通过控制那些进入 STM 的刺激，监测感觉记忆的刺激，并为来自 STM 的信息提供存储空间。LTM 的持续时间较长，信息一旦进入长时记忆，它将永远保存在那里。然而，这并不意味着存储在那里的信息可以在任何时候调用。所有遗忘都是由于信息无法提取，而不是信息的遗失。除了持续时间长，LTM 的另一个显著特征是，他通过分类编码方式，获得庞大的信息存储量。长时记忆的能力不是确定的，一旦信息进入 LTM，信息就会一直保留在长时记忆中。因此，随着时间的推移，存储在长时记忆中的信息量会不断累积。

3.4　感觉记忆、短时记忆和长时记忆之间的关系

只有通过感觉记忆，人才能获得外界信息。因此在更广泛的意义上来说，记忆的最初阶段是感觉记忆，而不是短时记忆。一旦接收者的细胞被激活，信息就被保留在了感官储存中。然而，不能从这些保留在感官储存中的信息中提取含义。要注意选择某些信息作为模式认知，并将它从感觉记忆转变为短时记忆，以获得其中的含义。

短时记忆中储存了感觉记忆和长时记忆从两个系统的信息，所以它是二者之间的连接。如果译员想处理和存储从感觉记忆中的信息，他或她必须借助长时记忆，激活相关的语言和语言之外的知识。存储在短时记忆中的信息可以在当前情景中使用。然而，信息的容量是仅七个离散的单位＋2 或－2，只能持续很短的时间。短时记忆中的信息可以通过预演、编码和分块转移到长时记忆中，以供日后使用。

在口译的全过程中，长时记忆有四大功能：（1）信息确认。识别符合口译长时记忆的信息；（2）信息理解。如果要处理的新信息，符合长时记忆中现有的旧信息，新的信息含义将会被采纳；（3）信息预测。知识系统的激活会带来对未来

信息的预测；信息表达：一旦口译员领会原文传达了什么，他或她必须在长时记忆中寻找恰当的词语或表达，来以目标语言表达其中的含义。

　　长时记忆，像数据库，存储着可以随时提取的大量信息。更重要的是，它对感觉记忆和短时记忆也有很大影响。若无长时记忆中的信息，信息接收者将不能识别出熟悉的刺激，短时记忆就无法编码并将信息存储在块中，因此信息将无法从短时记忆转变为长时记忆。

　　三个记忆系统之间的关系见以下流程图：

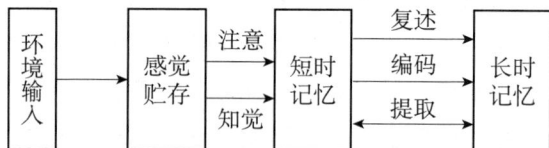

（徐翰，"口译记忆认知与记忆策略探究"，2007① ）

3.5　针对记忆三系统的记忆训练

　　对于感觉记忆，口译员应该关注说话者词语或表达的每一个细节，积极预测并认真理解源语言，以进行更好的检索。精准的感知能力是译员的必备素质，因为感觉记忆是一手信息的接收阶段。只有这样，口译员才能在其后的短时记忆阶段，推理和分析表达的明确意图。未给予充分重视或只是浅显分析的信息，将被快速遗忘；而被关注的、全面分析的以及给予丰富联系的信息，将是有所持续。

　　短时记忆是感觉记忆和长时记忆之间的联系：它接收感觉记忆筛选过的消息，提取长时记忆的相关信息。短时记忆处理的是复杂的多任务，不同部分的注意力的适当分配至关重要。从源语言进入我们的感官记忆开始，我们就应该关注有用的信息。为了克服干扰和分心的影响，在有适当噪声的环境中，进行听力练习，然后复述大意和要点，也许会有所帮助。此外，影子训练能够提高注意力分配的能力。至于交替传译，注意力必须在短时记忆和笔记之间合理分配。笔记确实是帮助记忆的有效方法，但短时记忆是保留有用信息的主要来源。

　　长时记忆主要源于我们的知识背景。如果口译员对于即将翻译的内容没有良

---

① 徐翰. 口译记忆认知与记忆策略探究［J］. 南昌大学学报，2007（5）：123 - 126.

好而深刻的知识，即使有良好的短时记忆能力，口译工作也无法完美完成。复述训练对于短时记忆和长时记忆的提高都非常有用，通过这种训练，口译学习者能够把握住讲话的要点。复述训练也可以改善口译学习者在仔细分析和整合信息的基础上，理解和复述讲话的能力。此外，分析训练是必要的。研究证明，在口译员记忆长段落或讲话时，分析话语意义、把握逻辑的能力十分有益。如果记忆的不是整个讲话的含义，而是逐个单词记忆的话，口译时的记忆压力将极大。口译员必须培养通过快速分析和逻辑建立语块、信息整合的能力。

4. 结论

口译有三个阶段的过程：在第一阶段是听，口译员听到源信息，提取、储存其含义；在第二阶段是去词语外壳，只保留本质的含义；最后是改写阶段，口译员通过目标语言措辞，重新表达消息内容。在口译的整个复杂过程中，记忆一直会产生影响。认知心理学家将记忆划分为三个系统——感觉记忆、短时记忆和长时记忆。尽管记忆在口译中十分重要，但对于记忆系统的研究很有限，且研究往往只关注记忆系统的某些方面和相应的训练方法。但是，感觉记忆、短时记忆和长时记忆在口译中，都具有特殊的功能和工作方式。更重要的是，这三个系统不是独立的，而是彼此相关的。因此，要不断探索这三个记忆系统，综合研究记忆训练方法，以提高口译水平。

第二节 口译记忆序列论

随着跨国公司的发展，口译扮演着举足轻重的角色。对译员而言，记忆力是至关重要的，因为它决定着一场口译活动的成功与否。而记忆序列论对口译的影响也十分关键。就记忆序列论而言，它涉及两种概念，首因效应和近因效应。本文着重研究这两种效应，研究它们的意义、功用以及对口译活动的影响。此外，本节作者也会进行一项实验，来确定首因效应和近因效应对口译的影响。基于此项实验的结果，本节将分析首因效应和近因效应给口译带来的功用。根据这项研究，作者发现首因效应有利于人们抓住关键信息，并牢记最开始接收到的信息，而近因效应的特点则强调要在口译过程中做笔记。

1. 简介

1.1　背景信息

伴随着全球化的迅猛发展，许多跨国公司应运而生。虽然英语是世界通用的官方语言，但仍有很多人只会自己的母语，别的语言不甚了解。因此，市场对口译员的需求极大，因为这些口译员对经贸往来十分有利。

众所周知，译员的工作并不轻松，它涉及很多因素，比如，译员对两种语言的掌控力以及译员自身的水平。也就是说，要想成为一名优秀的译员，不仅要精通两种语言或者多种语言，还要掌握能让口译活动更加优化的技巧或方法。作者认为，在这些要素中，最为重要的就是译员的记忆力及记忆方法。很多情况下，译员可能会记不住演讲者演讲的内容或者忘记演讲者之前说的内容，这就是译员的记忆能力问题和记忆方法问题。

此外，记忆序列论对口译也极为重要。如果口译员只能记住一些无用的只言片语，那这样的口译活动也毫无意义。因此，要想成为一名优秀的译员，就必须要知道首先要记住什么，因为记忆序列论决定着译员能记住哪些因素，是至关重要的因素还是无关紧要的因素，这都能使译员的口译更上一层楼。

1.2　研究设计

为了更好地理解口译及译员的记忆技巧，本节将专注于译员的记忆力。就像上文提到的那样，记忆序列论对口译至关重要，并且有两种要素可以影响口译活动，即首因效应和近因效应。正由于此，本次研究将会涉及首因效应和近因效应。本节也会首先介绍这两种效应，然后再来分别说明这两种效应对口译活动的影响。与此同时，本节作者将会进行一项测试，目的是明确首因效应和近因效应对口译过程的功用。作者以 6 个人为测试目标，给他们提供一份文本，并要求他们在阅读文本之后写下他们所能记得的内容。希望此项研究得出的结论不仅对译员，而且对那些想要在口译与记忆上做调研的人都有帮助，都有意义。

2. 首因效应和近因效应

2.1 首因效应简介

如上文所述，本部分将主要说明首因效应和近因效应。为了更好地理解这两种效应，首先就需要了解它们。因此，在接下来的文章中，作者将会分别对这两种效应作介绍。

首先说明的是首因效应。首因效应由美国著名心理学家洛钦斯提出的，也叫首次效应，指交往双方形成的第一次印象对今后交往关系的影响，也即是"先入为主"带来的效果。虽然这些第一印象并非总是正确的，但却是最鲜明、最牢固的。如果一个人在初次见面时给人留下良好的印象，那么人们就愿意和他接近，彼此也能较快地取得相互了解。从这点来看，首因效应也证明了在面试中第一印象的重要性。因为如果一位应聘者给面试官留下了好印象，那么面试官就愿意去更多地了解应聘者，甚至直接给他一份工作。然而，如果在面试中引起了面试官的反感，那么应聘者的求职也就没戏了。这也证明了首因效应的重要性。

在首因效应中，信息输入顺序起着关键作用。就首因效应的起因而言，有两种不同的解释。一种解释认为，最先接收的信息所形成的最初印象，构成脑中的核心知识或记忆图式。后输入的其他信息只是被整合到这个记忆图式中去，也就是说，后续的信息被同化进了由最先输入的信息所形成的记忆结构中，因此最先接收的信息或者最初的印象是至关重要的。另一种解释是以注意机制原理为基础的，该解释认为，最先接收的信息由于没有受到任何干扰而得到了更多的注意，但后续的信息则由于推理因素的增加而易受忽视。

同时，实验心理学研究表明，外界信息输入大脑时的顺序，在决定认知效果的作用上是不容忽视的。最先输入的信息作用最大，最后输入的信息也起较大作用。大脑处理信息的这种特点是形成首因效应的内在原因。首因效应本质上是一种优先效应，当不同的信息结合在一起的时候，人们总是倾向于重视前面的信息。即使人们同样重视了后面的信息，也会认为后面的信息是非本质的、偶然的。更重要的是，即使后面的信息与前面的信息不一致，人们也会屈从于前面的信息，即当不同的信息结合在一起的时候，人们总是倾向于重视前面的信息。

洛钦斯以众多实验证明了首因效应的存在。所有的这些实验也都证明了首因效应的重要作用。在很多领域都需要运用首因效应，比如，求职、交友等。根据首因效应原理，在很多社交活动中，人们会更加注重他们的第一印象。换句话说，首因效应对我们的生活是极为有利且极具指导意义的。但首因效应也有其缺点。根据第一印象来评价一个人往往失之偏颇，也就是说，人们易为第一印象所蒙蔽，继而忽略一个人的本质。除却其缺点不谈，只要人们合理利用首因效应，还是会从中获益的。

2.2 近因效应简介

近因效应也是由美国杰出心理学家洛钦斯提出，是指当人们识记一系列事物时对末尾部分项目的记忆效果优于中间部分项目的现象。信息前后间隔时间越长，近因效应越明显。原因在于前面的信息在记忆中逐渐模糊，从而使近期信息在短时记忆中更清晰。近因效应与首因效应相反，近因效应强调最后接收的信息作用最大。例如，一个很久都未回家的人，在他的脑海中印象最深的，其实就是临别时的情景，临别时的家以及临别时的家人。近因效应产生的主要原因其实就是短时记忆。

在人的知觉中，如果前后两次得到信息不同，但中间有无关工作把它们分隔开，那么后面的信息在形成总印象中起作用更大。这里有一个例子，在面试接近尾声时，面试官告诉应聘者，他们想要知道应聘者对自己表现的看法。如果应聘者回答得精彩，那他就可以得到他理想的工作；如果回答得不好，可能会由于这最后的关键性试题而使应聘者前功尽弃。这种现象就是由近因效应造成的。

很明显，首因效应和近因效应是不同的，甚至可以说是相反的。首因效应强调最初接收到的信息而近因效应则更加注重后来接触到的信息。但是首因效应和近因效应在我们的社会中是切实存在的，并发挥着它们各自的功用。通过大量的实验，人们发现首因效应和近因效应取决于人的自身，总的来说，认知结构相对简单的人易于产生首因效应，而认知结构复杂的人则容易产生近因效应。

作者认为首因效应和近因效应对口译员的记忆力是极为有益的，在不同的口译场合中都可以利用这两种效应。本节也会分别讲述首因效应和近因效应对译员记忆力的作用，所以此次研究也会给口译活动提出更多建设性的建议。

3. 文献综述

像上文讲的那样，首因效应和近因效应在我们社会的许多领域都得到了广泛应用。关于这两种效应的文章也有很多，文章内容大多包括它们的含义，它们的功用，以及它们之间的关系等等。

关于首因效应和近因效应的研究文章大致可分为四类。第一类文章专注于研究影响首因效应和近因效应的因素（周梅花、刘爱伦 2005[①]；王锡爱、丁道群2015[②]）。在周梅花和刘爱伦于 2005 年发表的《词频、易接近性和词表序列成分对近因效应影响的实验研究》一文中，作者罗列出了一些影响近因效应的因素，包括词频、易接近性和词表序列成分。此外，王锡爱和丁道群于 2015 年也进行了一些实验，并在《词频和词表序列对首因效应的影响》一文中发表了他们的观点，在他们的研究中，他们通过操纵词频和词表序列来探讨首因效应的特点。

第二类研究文章是围绕着首因效应的特点、应用及意义展开的（王茹，2006[③]；魏猛，2012[④]；林奇，2011[⑤]；刘祖斌，2006[⑥]）。在 2006 年发表的《"首因效应"的特点及在"职场"中的运用》一文中，王茹阐述了她的观点，她指出首因效应具有不稳定性，同时又是双方的、互动的，其以不同形式存在于各种职业和各个环节，所以，在职场中要注意运用"首因效应"，以达到好的效果。魏猛于 2012 年发表了文章《首因效应视角下的网络谣言控制》，他认为首因效应与网络谣言的形成、扩散以及推动因素紧密相关，因此在处理网络谣言问题时要尤为注意首因效应。林奇在 2011 年发表了文章《新闻传播文本首因效应"动态化"

[①] 周梅花，刘爱伦. 词频、易接近性和词表序列成分对近因效应影响的实验研究 [J]. 心理科学，2005（1）：117-121.

[②] 王锡爱，丁道群. 词频和词表序列对首因效应的影响 [J]. 当代教育理论与实践，2015（2）：145-148.

[③] 王茹. "首因效应"的特点及在"职场"中的运用 [J]. 河南职业技术师范学院学报（职业教育版），2006（5）：53-54.

[④] 魏猛. 首因效应视角下的网络谣言控制 [J]. 江苏警官学院学报，2012（1）：122-125.

[⑤] 林奇. 新闻传播文本首因效应"动态化"管见 [J]. 广西大学学报（哲学社会科学版），2011（4）：93-98.

[⑥] 刘祖斌. 新闻导语的首因效应与核心因素 [J]. 柳州职业技术学院学报，2006（4）：90-92.

管见》，他将首因效应运用到了新的领域。最重要的是，他把首因效应视为"动态性"的，继而使文本产生更大的传播效果。刘祖斌也将首因效应和新闻融合在一起，并于 2006 年发表了《新闻导语首因效应与核心因素》一文，他在文中指出选择和确立什么因素作为核心要素是新闻导语写作的关键。

第三类文章是从近因效应的视角展开的（沈云林，2005①）。在沈云林 2005 年发表的《论近因效应与品牌危机的应对》一文中，他阐述了近因效应对品牌和品牌危机的影响。很显然，他将近因效应运用到了商业领域。

最后一类文章将目光放在了首因效应和近因效应之间的关系上（刘爱伦、周丽华，2002②；詹启生、俞智慧，2000③）。如上文所述，首因效应和近因效应是有区别的，但它们在一些情况下也是相互联系的。为了明确二者间的关系，人们也做了一些实验研究。例如，2002 年，刘爱伦和周丽华发表的文章《首因效应向近因效应转换的实验研究》，她们进行了两项实验，目的是找出首因效应向近因效应转换的条件。与此同时，詹启生和俞智慧在他们 2000 年发表的《首因效应与近因效应在不同情境下作用的比较》一文中也说明了首因效应和近因效应的关系。

总而言之，首因效应和近因效应在许多领域内都能得到广泛应用，比如说商业领域、心理学领域，以及科技领域等。但很少有文章涉及这两种效应对口译活动的作用。为了更全面地理解口译，确定首因效应和近因效应对口译的影响，本节将聚焦于这两种效应，分析它们的含义、功用以及对口译的影响。

4. 研究讨论

本节将讨论记忆序列论对口译的影响。就记忆序列论而言，存在两种概念，即首因效应和近因效应。为了明确这两种效应的功用，本节作者进行了一项实验。实验以六个人为测试目标，向他们提供一份文本，让他们在阅读后写下所能记得的内容。据此，本节将分析这项实验的结果，并给译员提出合理建议。

---

① 沈云林. 论近因效应与品牌危机的应对 [J]. 长沙大学学报，2005（6）：32-33.
② 刘爱伦，周丽华. 首因效应向近因效应转换的实验研究 [J]. 心理科学，2002（6）：664-667.
③ 詹启生，俞智慧. 首因效应与近因效应在不同情境下作用的比较 [J]. 健康心理学杂志，2000（3）：251-253.

　　实验中所使用的文本是关于寒假计划的。文本内容如下："没几天就是寒假了，我希望我能花时间做些有用的事。所以，我有我的寒假计划。首先，我要飞去北京。众所周知，北京是帝都，它因长城、紫禁城、鸟巢、水立方、颐和园，以及其他许多名胜古迹闻名于世。我将在北京游玩六天，在此期间，我也会去尝遍北京的特色美食。我相信我会在北京玩得很愉快。虽然我会在旅游上花费些时间，但我也准备在寒假学习一门新的语言，在书海中畅游。此外，新年那天，我要去给我的祖父母拜年，并送上我为他们亲手制作的礼物。我相信今年的寒假生活一定多姿多彩。"接受试验测试的六个人阅读完这份文本后，写下他们所能记得的内容。

　　这是这六个人的笔记。第一个人这样写道："寒假即将来临，我希望能花时间做些有用的事。首先，我要乘飞机去北京。北京是帝都，因长城和其他许多有名的地方闻名于世。我也要去尝遍北京的特色美食。在新年那天，我要去给我的祖父母拜年，并给他们带去好多礼物。我希望我能有一个丰富多彩的寒假。"第二个人的笔记是这样的："寒假很快就到了。我想要花时间做些有意义的事。首先，我要飞去北京。北京是帝都，因长城、紫禁城、鸟巢、水立方和其他许多地方闻名于世。我也要去品尝些北京的小吃。寒假期间，我将在北京游玩六天。我也想阅读些书籍并且学一门语言。而且，我还会去拜访我的祖父母。我相信我的寒假生活一定多姿多彩。"第三个人写的是："寒假即将来临。我希望我能花时间做些有用的事。我有我的寒假计划。首先，我要飞去北京。北京是帝都，长城、紫禁城、鸟巢、水立方、颐和园以及其他许多名胜古迹都在北京。我也要去尝遍北京的特色小吃。而且，我还要去拜访我的祖父母，并亲自给他们送上礼物。我相信我的寒假生活一定多姿多彩。"第四个人的笔记如是："寒假即将来临。今年我想做些有用的事。我要飞去北京。北京是帝都，因长城、鸟巢、水立方、紫禁城和其他许多有名的地方闻名于世。我也会去尝遍北京的特色美食。而且，我还会去拜访我的祖父母，并给他们送些礼物。我认为，我的寒假生活一定多姿多彩。"第五个人写道："寒假即将来临。我希望我能花时间做些有用的事。我有我的假期计划。首先，我想飞去北京。北京是我们国家的首都，因很多有名的地方举世闻名，比如长城、紫禁城和颐和园。我相信我会在北京玩得很愉快。我想要品尝些美食。而且，我还会去拜访我的祖父母，给他们带去礼物。这些礼物都是我亲手做的。我希望我能有个丰富多彩的寒假。"最后一个人是这样写的：

"寒假即将来临。我会花些时间做些有用的事。我制定了份寒假计划。首先，我要飞去北京。北京是帝都，因长城、鸟巢、水立方而举世闻名。我也会去尝遍北京的特色美食。而且我也准备学习一门新的语言，在书海中畅游。在北京的旅游为期六天。我还会去拜访我的祖父母，并给他们带去礼物。我相信我的寒假生活一定多姿多彩。"

从实验的结果来看，这六个人所记下的内容都不一样，但他们所有人都能掌握这个文本的大致意思。也就是说，实验结果表明这六个人都能记得文本的整体框架。他们记下的内容包含以下这些信息："寒假即将来临。我希望我花时间做些有用的事。首先，我要飞去北京。北京是帝都，因长城而举世闻名。我也要去尝遍北京的特色美食。而且，我还会去拜访我的祖父母，并给他们带去礼物。我相信我的寒假生活一定多姿多彩。"他们记下的这些信息显示他们都能记住关键点。此外，他们记下的内容还是有所不同的，特别是在文本中出现的那五个著名景点方面。这六个人中有一人可以按正确顺序写下这五个地方，而且他们其中一些人仅仅只能记住一个地方。当然，也有些人可以记住两个或三个地方。

本节将基于研究结果来说明首因效应和近因效应的功用以及这两种效应对口译的指导建议。如上文所讲，这六个人都能记住文本的关键信息，其主要原因就是首因效应，即人们总是更注意最初接触的信息。作者认为每个信息组都有它的首要信息，即整篇文本的关键信息。此外，这六个人都能记住最后一句话，也就是他们后来接收的信息，其主要原因是近因效应，即相较于之前的信息，人们往往能够记住后来接收的信息。

基于对实验结果的分析研究，本节还会讨论在口译过程中首因效应和近因效应的应用和功效。一方面，首因效应有利于人们抓住他们听到的关键词或关键信息。因此，在口译过程中，首因效应能帮助译员牢记整篇文本的关键信息。众所周知，译员在口译过程中需要听或者记的内容是文本的意义，而不是词语，所以，抓住关键信息是重中之重，它对译员对文本的理解也至关重要。而交替传译中的首因效应更为明显，因为在交替传译中，演讲者通常会先说一段话，然后译员再做翻译，由此，译员就有时间掌握并理解这段话的关键信息。

同时，首因效应对同声传译也有影响。首因效应有利于译员抓住关键信息，并记住最先接收的信息。我们知道在同传过程中，演讲者不停地给译员输入信息，所以，首因效应不仅可以帮助译员接收新的信息，而且还能让译员透彻地理解整篇文本的内涵。

　　由此，我们知道首因效应对口译活动是极为有益的，而且也极具指导意义。首因效应的主要功能就是帮助译员抓住关键信息并牢记最初接触的信息。然而，人类的能力是有限的。如果演讲者演讲的时间过长，仅靠首因效应译员是不能呈现一场完美的口译的。因此，在这样的情况下，就需要近因效应了。

　　近因效应使人们更加注重后来接收的信息，而不是之前的信息。所以，交替传译中，如果演讲者的演讲过长，那么译员记住所有的词语是不可能的。因为译员受近因效应的影响，不能记起所有的信息，尤其是最开始听到的信息。正是由于近因效应的这种特性，做笔记对译员来说就显得极为必要，极为关键了，它可以帮助译员回忆起他可能忘掉的信息。如果一名译员在口译过程中并未做任何笔记，那么原因可能有两个。一是，他自身记忆力极强，能记住看到和听到的所有东西。二是，他并不擅长以做笔记来帮助自己呈现一场精彩的口译。总而言之，在口译过程中做笔记就是口译受近因效应的启蒙而产生的。

　　此外，近因效应对同声传译也极具指导意义。同声传译，顾名思义，就是演讲者的演讲与译员的口译同时进行。根据近因效应，人们更易于记起后来接收的信息，因此，对译员来说，在演讲者说两句或三句话后再开始翻译才是更为理想的状态。这就确保了译员充分利用了近因效应，否则，译员会很难记起所有的信息，进而呈现出一场糟糕的口译。

　　虽然首因效应和近因效应截然不同，甚至可以说是相反的，但它们都可以应用到不同的场合中。也就是说，首因效应和近因效应都对口译活动大有裨益。而且在不同的情境下，它们扮演的角色也不同，这就需要译员找到合理合适的方法策略。所以，只要译员能够充分合理地运用这两种效应，那么呈现一场完美且令人满意的口译就势在必得了。

5. 结论

5.1　研究的主要发现

　　此次研究让我们意识到记忆序列论对口译的影响。并且在此次研究中，首因效应和近因效应都有涉及。通过进行实验，总结研究结果，以及分析首因效应和近因效应的功用，我们得到以下几条结论。

第一，首因效应是指人们总是倾向于重视最初接收到的信息，而近因效应则指人们比起之前接收的信息，更倾向于牢记后来接收的信息。尽管这两种效应的观点和内容截然不同，但它们都对口译产生着极为重要的影响。

第二，首因效应有利于译员抓住关键词，关键短语和关键句，进而帮助译员在理解文本大意的基础上，记住更多信息。这种效应在交替传译和同声传译中都适用。除了帮助译员抓住关键信息外，首因效应还可以让译员更加注重一开始接收的信息。

第三，近因效应的特点显示了口译过程中做笔记的重要性，因为近因效应使译员牢记后来接收的信息，但容易忘记之前的信息，而做笔记正弥补了人类记忆力上的这种缺憾。此外，在同声传译中，译员应在演讲者演讲两句话或三句话后就开始翻译，否则译员会忘记更多的信息，而这些信息是做笔记都难以弥补的。

最后且最为重要的是，首因效应和近因效应的使用范围非常广，可以应用到不同场合中。所以，译员应当充分利用这两种效应，也就是说，译员应当弄清楚在何种场合该使用何种效应。译员只有充分合理地利用这两种效应，他（她）们才能展现出一场精彩完美的口译。

5.2　研究的局限性

除了受时间和知识面的限制，本次研究还有其他一些缺憾。一方面，本次的研究实验并没有进行到一个很深的层次，还是比较浅显。另一方面，记忆序列论，首因效应以及近因效应都与心理学研究有所关联，但作者对心理学很是陌生，所以这就导致了关于首因效应和近因效应的解释并不是那么通俗易懂。再加上，为了明确首因效应和近因效应的影响而进行的实验中，虽然目标人员只有六个人，但是，作者认为以此六个人为目标的实验结果还是很具代表性的。

5.3　未来研究的建议

基于此次研究以及研究的局限性，本文作者为想要在口译方面做研究的人提出一些建议。首先，口译活动涉及许多方面，比如，怎样划分记忆力，怎样高效地做笔记以及怎样构建记忆图式等等，这些方面都可以成为人们的研究素材，它们对口译的研究极具意义。其次，口译活动通常与其他许多领域息息相关，特别是心理学领域。因此，进一步了解与口译相关的领域不仅有助于人们理解一些专业生僻的含义概念，还有利于人们开展调查研究。

第三节 口译记忆模式

记忆模式的研究已受到广泛的关注，并成为一个新兴的研究领域。记忆模式不仅是心理学上的重要领域，同样也是口译研究的重要领域。在现实的口译中，记忆不是独立进行的一部分，而是一直存在于整个过程中。因此，研究口译记忆模式对指导口译实践有着重要的意义。

1. 口译记忆模式的相关研究

20 世纪 50 年代，国内许多专家一直寻找用于指导口译实践的跨学科理论，这些理论来自国内外翻译学、心理学、历史学、文化以及政治学等。认知心理学在口译中的运用极大推动了口译的发展和译员能力的提高。

通常，多数学者在长时记忆和短时记忆的基础上，讨论口译记忆模式。另有许多研究讨论了 Gile 在 1995 年提出的"认知负荷模型"（柳含波，2015[1]；田甜，2012[2]）或是格式塔理论（Werhteimer，1924[3]）。此外，有关记忆模式的一些研究只针对某一种口译类型展开（张威，2012[4]）。有些论文只对记忆模式进行简要概括（王建红、李颜伟，2014[5]）。

---

[1] 柳含波. 认知负荷模型解析粤语口音对汉英交传影响 [D]. 北京：北京外国语大学，2015.

[2] 田甜. 吉尔模式下口音对译员表现的影响及应对策略 [D]. 上海：上海外国语大学，2012.

[3] Werhteimer, M. *Gestalt Theory* [M]. trans. Willis D. Ellis. New York：Harcourt，Brace and Co，1924.

[4] 张威. 同声传译工作记忆模型研究 [J]. 解放军外国语学院学报，2012 (3)：67 - 71.

[5] 王建红、李颜伟. 口译过程中记忆原则综述 [J]. 新西部，2014 (20)：63.

　　特性比较模型，层次网状模型和集合论模型这三种记忆模型的提出吸引了来自各界不少学者和研究者的广泛关注，同时也引起了人们对这三种模型的热烈讨论。

　　加利福尼亚大学认知科学教授兼计算机科学副教授詹姆斯·霍兰（James D. Hollan）在文中写道："一个网络（Harary，1969）是一个有向图，它赋予有向图的每个边缘一个值。在这种情况下，有向图只需要包含有序对的概念和特征。"集合论模型通过一系列元素来代表概念。"（James D. Hollan，1990）。除了两个模型的定义外，霍兰还讨论了一个常见的问题，即集合论模型和网状模型是否是同构的。他试图澄清史密斯、舍本、里普斯（Smith，Shoben & Rips）提出的关于网状模型与语义记忆的集合论模型之间对抗的问题，其中讨论了集合论模型可以在未失去解释力的情况下被形容为一个网状模型，因此这个区别是无意义的。此外，霍兰也给出了一些偏好网络模型的原因。

　　在阿诺德·格拉斯和基思·霍尔约克（Arnold L. Glass，Keith J. Holyyoak）撰写的文章"语义理论的替代观念"中，他们提到"特性比较模型"（Smith，Shoben & Rips，1074）应用了莱考夫 Lakoff（1972）[①] 的语言学理论来预测人们用来检查句子的反应时间。"他们对标记搜索模型表示了极大的支持，但他们驳斥了'特性比较模型'的重大预测。他们认为'特性比较模型'原则上不足以作为语义表征的模型，除非其语义成分的概念发生了根本性的改变"，并且他们提出了一个重要观点，为第一节中的特性比较模型提供了主要证据。其次，他们"展示了一个采用卡茨（1972）理论进行心理预测的网络模型，其中假定有一个单一的验证句子的基本机制。"（Arnold L. Field，Keith J. Hookoak，1974）在下面的部分中会展示一些数据来支持他们的想法，"同时驳斥了对特性比较模型的关键预测"。最后，他们提出了一个关于语义表征性质更广泛的理论问题，即标记搜索模型。

　　玛雅·古普塔和卢卡·卡赞提（Maya R. Gupta，Luca Cazzanti）在特韦尔斯基（Tversky）的集合理论线性对比模型和信息理论原理的基础上提出了相似性的定义。他们表明"每个样本均可被描述为一组特征"。而这将允许人们通过

---

① Lakoff, G. Hedges. *A Study in Meaning Criteria and The Logic of Fuzzy Concepts* [M]. Chicago: Chicago University Press, 1972.

相关属性来识别信息。在文章的最后，作者得出结论，"相似性学习理论和算法的发展可能受益于集合理论，信息理论的相似性功能"（Maya R. Gupta，Luca Cazzanti，2006）。

在张丽敏[①]的《中国成年英语学习者心理词典的英—汉语义启动效应研究》一文中，她介绍了两种模型：层次网络模型和特征比较模型。她提到语义网络模型包括两种类型：层次网络模型和扩展激活模型。她描述了如何在心理词库中存储属性和特征。关于特征比较模型，作者展示了一个学习者如何通过一些句子来理解一个单词，例如"罗宾是一只鸟"。文章研究了中国成年英语学习者心理词汇的语义启动效应，旨在找出其语义网络和特征。

近年来，特征比较模型、层次网络模型和集合理论模型三种模式得到了广泛的关注。有的学者侧重于理论研究，介绍三种模式的定义、比较及其分类。其中很多人试图证明三者的关系。有人指出语义特征比较模型是从语义范畴引入的，它来源于层次化网络模型。在 Arnold L. Glass 和 Keith J. Holyoak 的《Alternative Conception of Semantic Theory（语义理论的替代概念）》一文中，作者试图通过两个假设来区分集合理论模型和分层网络模型。然而，其他一些学者就将这些理论应用于计算机、语言学、语言教学和心理学等领域。因此，很少有人使用这三种模式进行口译研究。

口译过程或过程研究是口译研究的一个重要领域。它是一个非常新的原则，吸引了越来越多的人的关注。口译学习者的数量在不断增加，而真正优秀的译员却很难找到。因此，寻找好的口译学习方法至关重要。在口译过程中，译员的时间是有限的，译员必须抓住说话人给出的关键信息，才能全面准确地译出说话人的演讲。口译很难做到完美，然而，如果采用了这三种模型，口译就会变得更容易。它们能帮助你在短时间内记住演讲的主要信息。本节讨论了这三种记忆模式，并试图用它们来分析口译过程。

本节不但解释了三种记忆模式的定义和特点，而且指出了各自的优缺点。接着，本节阐述了视译、交替传译、同声传译的特点和对记忆的要求。此外，本节比较了三种记忆模式，并且结合实例分析了三种模式在口译中的运用。

---

① 张丽敏. 中国成年英语学习者心理词典的英——汉语义启动效应研究 [D]. 成都：西华大学，2011.

2. 三种记忆模式在口译中的运用

口译记忆模式对口译译员的理论与实践有重要影响，并且相较于其他几种模式更具实践和理论意义。认知模式全面展示了口译交流过程和口译员"意义组建"的任务。此外，通过口译认知模式的广泛运用，有助于口译活动中译员记忆能力的提高。因此，本节将进一步讨论认知心理学中广泛运用的三种认知模式，及其在指导口译实践中所起的作用。

2.1 网络层次模型

史密斯等人称"网络模型假定单词，或是其相关因素，作为独立的单位存在于由标记关系连接的语义记忆网络中"（RIP 等人 1973），"网络模型是一个数据库模型，以一种灵活的方式表示研究对象和其关系。其显著特点是图中代表研究对象类型的点和关系类型的弧不限于一个象限或格中"。

"网络模型的拥趸者假定语义记忆是由分层排列的上下级语义节点网络组成。项目属性及其上层更整体的类别仅存储于分层结构中的一个节点上。"（Thomas J. Housel，Stephen R. Acker，1985）

分层网络模型由 Collins 和 Quiilian 提出，经常用作语义记忆研究文件的基础。此术语最初用于计算机模拟言语理解领域，是认知心理学中第一个语义记忆模型。因其架构是分层网络状态，故称为分层网络模型。在此模型中，语义记忆的基本单位是概念，每一个都有特殊特征。事实上，这些特征即本质概念，然而，它们也可用来代表其他概念。其后，概念在逻辑上以上下级顺序组织起来，最终形成层次化网络。

概念的特征存储于不同类别的网络模型中。这些概念的每一类别只存储特定特征，同一个类别概念的共同特征则保存于其上级。上级概念仅出现一次，因此没有必要出现在其下级。由此可见，不同类别的存储有助于节省记忆空间，符合 Collins 和 Quiilian 对知识组织规则应遵循认知节约原则的提议，即信息仅存储于网络中的一处。例如，金丝雀的特征可能属于网络中金丝雀呈现的语义节点，或归类于其他某些上级语义节点，如"鸟""动物""生物"等等。因此，考虑到认知节约，"有翅膀"仅能出现一次，且信息存储于"鸟"节点中。人们需要从节点处查找语义关系网络的相关信息，其后方能肯定"金丝雀有翅膀"一句。在此过程中，第一步是定义"金丝雀是一只鸟"，其次"鸟有翅膀"。从语义网络节点的角度来看，主语谓语之间距离越长，判断时间就越长。

分层网络模型是网络模型的一种，其中的信息极具组织性。此模型特定位置中的每个概念均与其他概念有一定的联系，语义记忆结构组织严密。之前学到的知识存储在记忆中，以为搜索过程提供信息。

网络层次模型是由 Collins 和 Quillian[①] 于 1969 年提出。这是有关语义记忆最早、最著名的理论。中国设计最早的计算机汉语输入系统就是基于网络层次模型。

Collins 和 Quillian 认为，词的概念以语义网络的模式存储在人类的大脑中。词像网络一样存储在人脑中，每个词或概念由结点（node）表示，而不同结点之间的关系则构成网。一些结点处在同一水平上，但它们属于某些母结点或子结点。因此，这些层次网络中词的语义特征与其他词联系在一起。

正如 Collins 和 Quillian 在图 4.1 展示，各类属概念按逻辑的上下级关系组织在一起，概念间通过连线表示它们的类属关系，这样彼此具有类属关系的概念组成了一个概念的网络。在网络中，层次越高的概念，其抽象概括的水平也越高。每个概念的特征实行分层存储，即在每一层概念的结点上，只存储该概念的独有特征。而同层各概念共有的特征，则存储于上一层的概念结点上。

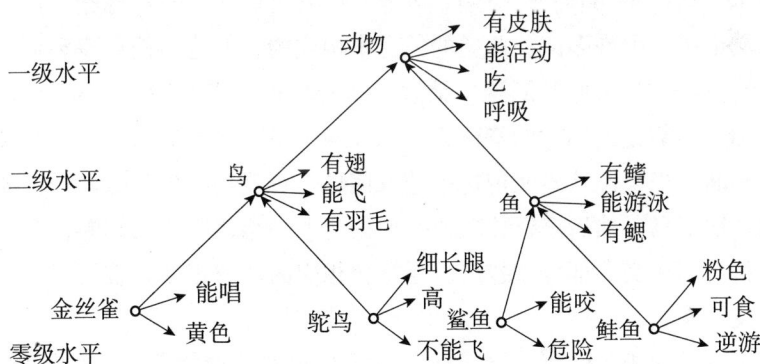

图 4.1 （Collins & Quillian，1969）

① Collins，A. M. & Quillian，M. R. Retrieval Time from Semantic Memory [J]. *Journal of Verbal Learning and Verbal Behavior*，1969（8）：240 - 247.

2.2　集理论模型

集理论模型指词语含义由语义元素集合表示的模型。根据集理论相似性定义，每一个样例可被描述为一组特征，借助相似性概念，与应用相关的信息可以根据相关特征的定义获取。集理论相似性概念衍生出的最具有影响力的模型是特维斯基（Tversky）的对应相似模型。这种综合性的集理论相似概念为基于相似性的模式识别理论和算法研究提供了基础。特维斯基的集理论相似模型成功解读了人在不同相似性评估任务中做出相似判断的行为，尤其是在目标没有被低水平数值特征充分描述和相似性评估需要较大认知努力的条件下。

"相反地，集理论模型强调句子验证过程中对概念的全面展开。例如，在史密斯（Smith）等人（1974）的模型中，主语和谓语的概念在未进行任何加工之前经常被看成是语义特征集。

集理论模型由认知心理学家迈耶（Meyer）在 1970 年提出。在该模型中，概念被看作是基本的语义单位，每个概念都由一些信息或要素的集合来表征。信息集分为"样例集"和"属性集（特征集）"。样例集指某个概念的一些样例，如"鸟"这一概念里面包括的样例有"知更鸟""金丝雀""八哥""画眉""鸽子""鹦鹉"等等。属性集或者特征集指某个概念的属性或特征，比如，"鸟"这一概念的属性是"动物""羽毛""飞翔"等等。所有这些特征都被称作"语义特征"。所以，语义记忆是由许多诸如此类的信息集构成的。但这些信息集和概念之间不存在联系。例如，当人们判断这句话"大葵花鹦鹉是鸟"时，就需要搜索"鸟"的特征集和"大葵花鹦鹉"的特征集，比较两个集，并依据两个集相交部分的多少来作出判断。当人们从语义记忆中选取信息，对该句作出判断，他们能从属性集中分别选取信息，然后进行比较，并根据两者的相似度作出判断。两个集拥有的相似点越多，相交的部分就越广。当重合相交的部分很多，就可以判断句子是正确的，反之亦然。

根据逻辑学的相关研究，词或概念之间有两种逻辑关系：一种是全称判断，另一种是特称判断。全称判断指"所有的 S 都是 P"（这里的 S 和 P 是两个不同词或概念的集合），如"所有的鸟都是动物"。实际上，人们依照词或概念之间的集合关系来做出判断。这种集合关系视两个词或概念间的相交程度而定。可以用 Venn 图来表示。

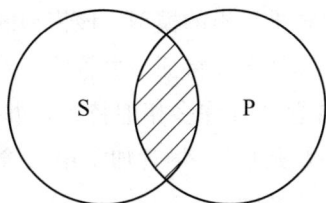

2.3 特征比较模型

特征比较模型由心理学家 Smith、Shoben 和 Rips 在 1947 年提出。该模型是在网络模型的基础上发展起来的。该模型的主要理论表明理解一个词的过程如下：两个词或概念的比较，在加工的第一阶段；根据两个词的定义和特征，如果在加工的第一阶段两个词或概念间的特征相当一致，这样句子的正误判断可在第二阶段进行。

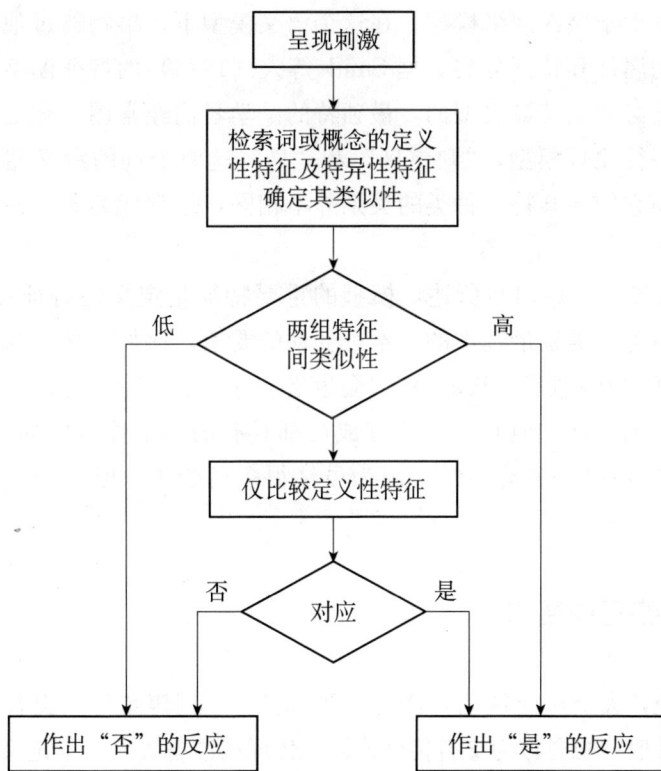

图 4.2 （Smith，Shoben & Rips，1947）

　　特征比较模型是一个完全推导出的模型。该模型的关键是人们对语义特征的分类有两种——定义性特征和特异性特征。尽管第一阶段能快速做出判断，但有时极易造成误判。当两个概念具有许多相似特征，并且这些特征不是概念特征时，容易判断错误，如"蝙蝠是鸟"。尽管加工第二阶段的速度较慢，但基于充分的逻辑条件，所以判断更加准确。

　　此外，心理语言学的修辞语研究可追溯到 20 世纪 70 年代，当时的研究重心首先在隐喻，随后拓展到其他的修辞方式，如习语、谚语、类比等等。隐喻的理解是一个典型的语言理解机制。

　　这里有两种特征比较模式——特征匹配模型和结构映射模型。特征比较模型的概念由 Edward Smith、Edward Shoben 和 Lance Rips 等人于 1974 年在完成他们当时的语义实验时提出。语义特征比较用于在主体必须快速确定测试项目是否为某一特定目标成员的情况下获取预测分类次数。语义特征比较模型属于语义范畴，派生于层次网络模型。在这个语义模型下，事物通过他们所代表的部分和整体的属性和特征分类。据 Smith 等人（1974）的特征模型，与某个概念相关的要素必须是其最典型的，最独特的。学者们经常用"知更鸟是鸟"这句话来解释特征比较模型，"知更鸟"和"鸟"这两个词的意义储存在人们的大脑中，即使它们与某特定种类的关系并不相同，但都代表着一系列能确定它们类别的特征。

　　如 Smith 等人（1974）所述，模型的重要特征是定义性特征和独有特征。定义特征是指某一类别最基本的、不可变动的要素，比如"鸟"这一类别包括以下定义特征"有翅膀""长羽毛""会生蛋"等。独有特征是指某一类别成员常有的或固有的特征，但并不是所有成员都具有的，是关本质的特征。比如，"鸟会飞"这一特征是独有特征，因为虽然很多鸟会飞，但有一部分鸟是不能飞的。

3. 口译的三种模式

　　一般来说，大众广泛认为口译有三种模式——同声传译、交替传译以及视译。但人们一般将视译作为交替传译或同声传译的准备练习。本论文将进一步阐释三种口译类型的定义和特征。根据每种口译模式的具体特征，本论文将进一步讨论三种认知模式在现实口译场景中的运用。

3.1　视译

视译是指"是翻译的一种特殊形式，也是口译的一种"[①]。视阅口译是把文字信息口头翻译出来；视听口译，也称为带稿同传，是一边看着发言稿，一边跟着讲话人的速度进行口译[②]。视译通常作为练习同声传译前的初阶练习，因为它有利于提高"脱离源语语言外壳"[③] 和顺句驱动的能力。

在视译中，译员需要依照看到的内容的顺序，划分语义间隔，而这常要受制于句子结构。视译大多用于法庭口译中。成功有效的视译会迅速地回应和流畅地再现。然而，一些人认为视译是口译中最难的一种。Lambert 在实验的基础上得出结论：视译的表现远远优于无稿口译的表现。Lambert 的结论和 Shaffer 一致，都认为：阅读文章和口译再现和听与译一样不会互相影响。

在 Daniel Gile 的视译模式中，只包含阅读和口译的再创造。因此，他认为在纯粹的视译中没有发言者，所以不需要记忆。然而，实际上，视译与阅读理解、句子分析、记忆、口译以及同时阅读原文与输出目的语的协调有关。

3.2　同声传译

同声传译有许多定义。Kohn & Kalina[④] 说，"在同声传译中，译员翻译目的语的同时产出源语语篇"。Goldman-Eisler[⑤] 认为，"同声传译即会场译员必须在记录、解码输入信息的同时监控、存储、追溯、解码输入的源语"。此外，Liu，

---

① Lambert，S. Shared Attention During Sight Translation，Sight Interpretation and Simultaneous Interpretation [J]. *Meta*，2004 (2)：294 - 306.

② Gile，D. *Basic Concepts and Models for Interpreter and Translator Training* [M]. Amsterdam/ Philadelphia：John Benjamins Publishing Company，1995：183.

③ Seleskovitch，D. 1978. *Interpreting for International Conferences* [M]. Washington D. C. ：Pen & Booth.

④ Kohn，L & Kalina，S. The Strategic Dimension of Interpreting [J]. *Meta*，1996，41 (1)：118 - 138.

⑤ Goldman-Eisler，F. Segmentation of Input in Simultaneous Translation [A]. In Pöchhacker，F. & Shlesinger，M. (Eds.)，*The Interpreting Studies Reader* [C]. London and New York：Routledge. 2002，69 - 76.

Schallert & Carroll[1] 提出，"同声传译包括听某一语言的信息，并立刻将信息用另一种语言复述出来，同时继续接受正在输入的信息"。此外，Chernov[2] 给出了同声传译的四个主要特征。

1）源语信息只表达一次，并且信息持续表达。

2）两种交际行为，听源语信息与用目的语表达（再现信息），多数时间同时发生。

3）只有极其有限的时间用来信息解码、编码和再现，如几秒钟的时间间隔所示。

4）在同声传译中，每个文本单位中只有有限的信息能够被加工。

根据同声传译的四大特点，理解的单位非常短，这给译员增加了许多困难，因为耳语距离非常短。

3.3　交替传译

口译一般有两种主要类型——交替传译和同声传译，在口译过程中两者有很多不同。交替传译是在发言人讲完部分内容或全部内容后，由译员进行翻译。这种口译方式可以用于许多场合，如演讲、祝词、授课、商务或法律协商、访问等等。

同声传译是在发言人讲话的同时进行口译。同声传译一般通过同声传译设备来完成。译员坐在译员箱里，通过麦克风把发言人的讲话内容用目的语传达给听众，听众则用耳机接受翻译服务。1946 年"纽伦堡审判"中首次使用同声传译。

此外，根据 Daniel Gile[3] 得出的结论来看，交替传译有两个阶段：

I（Interpreting）= L（Listening）+M（Short-term Memory）+N（Note-taking）;

I（Interpreting）= Rem（Retrieve messages from short-term memory and

① Liu，Schellert，D. L. & Carroll，P. J. Working Memory and Expertise in Simultaneous Interpreting [J]. *Interpreting*，2004，6（1）：19 - 42.

② Chernov，G. V. Semantic Aspects of Psychologistic Research in Simultaneous Interpretation [J]. *Language and Speech*，1979，22（3）：277 - 295.

③ Gile，D. *Basic Concepts and Models for Interpreter and Translator Training*. Amsterdam/ Philadelphia：John Benjamins Publishing Company，1995：178 - 181.

reconstruct the speech）＋Read（Read the notes）＋P（Produce the target Language Speech）；

While the model of Simultaneous Interpreting is

SI（Simultaneous Interpreting）＝L（Listening and Analysis）＋M（Short-term Memory）＋P（Production）

从 Gile 两种模式的对比看来，同声传译在不借助任何外界辅助诸如笔记的条件下进行。因此，这种模式对译员记忆力的要求很高，同时也需要大量的练习。其次，记忆力在两种模式中发挥着不同的作用。相较于同声传译，交替传译对长时记忆有着更高的要求。有时，译员需要依照讲话的长度，在 15 分钟内输入和存储信息，并在第二阶段提炼信息的解码。

但在同声传译时，输入和解码几乎同时发生，这需要大量有关记忆分配的练习。

基于交替传译的过程，交替传译需要把源语文本转换成译语文本。在交替传译的过程中，口译伴随着信息理解开始，随着信息加工进行，以信息传递作结。因此交替传译的基本过程可分为五部分：信息输入、解码、记录、编码、以及表达。

4. 三种记忆模式在三种口译类型中的运用

口译是交际中的一种特殊形式。在这种特殊的交际中，口译译员作为交际媒介，不同语言的交际双方需要依靠译员，来与彼此交流。在这种情况下，译员作为不可或缺的第三方，必须清楚地认识到自己的工作模式和角色。只有通过这种方式，专业能力、自我认识以及职业技能才能得到提高，对译员的交际要求才能得到满足。

Stewart、Schein 和 Cartwright[1] 于 1998 年指出，口译员不是工具。从源语到目的语的认知模式中有三个过程：源语的接受和理解、信息的分析和解码以及表达和评估。这三个过程的前提就是"译员能够理解源语信息的含义"。

---

[1] Stewart，D. A.，Schein，J D. & Cartwright，B. E. *Sign Language Interpreting：Exploring Its Art and Science* [M]，Massachusetts：Allyn & Bacon，1998.

Wilcox 和 Shaffer 在 2005 年提出，口译实质上就是交流活动。因此，译员所扮演的角色不是被动的、机械的。他二人提出对于口译而言，认知模式是最佳模式。

此外，隐喻的理解需要高一级的抽象思考。隐喻中所包含的信息不是直观或显而易见的。因此，运用更多的认知模式，激发抽象思考都有益于理解口译中的隐喻信息。如下：

（1a）"He arrived at the summit on the third day.（Congruent form）"

（1b）"The third day saw him at the summit.（Metaphorical form）"（Fan Wenfang，1996①）

在（1a）中，句子中所述的事情在现实生活中发生过。译员很容易理解一致式的表达，因为这种表达与人脑感知一致。然而，在（1b）句中，对于译员来说理解这种非常规表达有些困难。常规表达方式为 "someone arrives at somewhere at sometimes"。而（1b）的表达方式彻底打破了人们常规的认知模式。在（1b）中，"the third day"（第三天）表示时间概念，而 "saw" 不同于常见的 "he saw you"，因为 "天" 不会像人一样具有意识。

实际上，一致式是展现世界最简单直观的方式。这种表达形式的描述与真实发生的事情最一致。如果信息以直白的语言表达出来，人能够在大脑中建立正确清晰的图像。因而，可以得出以下结论：一致式更贴近现实生活，与人的思考模式和认知模式相似，所以更容易理解。相反，当译员听到隐喻，会增大口译的难度。由于隐喻式的双重语义也极易导致信息理解错误。

双重语义的特征会导致模棱两可和高度的词汇密度，导致大量信息凝聚。因此，对于译员来说，花费时间和精力注意隐喻并将其翻译成简明的表达，让听众更好地理解，十分必要。

因此，译员采用特征比较模式来分析本体与喻体之间的关系，能够更准确地理解信息。

（2a）The entire society should show concern for and give support to the development of educational undertakings.（Cited from《中华人民共和国教育

---

① 范文芳．语法隐喻对语篇阅读理解难易度的影响［J］. 北京大学学报（外国语言文学专刊），1996：66－67.

法》中英对照，第四条①）

（3a） The standards for land compensation and resettlement fees for land requisitioned shall be determined by various provinces，autonomous and municipalities in reference to the land compensation fees and resettlement fees for cultivated land requisitioned. （Cited from《中华人民共和国土地管理法》中英对照，第四十七条②）

（3b） The standards for land requisitioned fee which is needed to compensate and resettle shall be determined by various provinces，autonomous regions and municipalities which are referred to the fees that are needed to compensate and resettle for cultivated land requisitioned.

在（3a）中，整个信息被压缩到一个简单的从句中。名词用来表示"过程"，"to compensate and resettle—land compensation and resettlement"。多数译员感到，当第一次扫过例句，句子的表达超出了他们的理解范围。在（3b）中，每个语法部分都有独自清晰的意思。这种表达与人们的惯性思维模式更相近，所以更容易被接受。尽管（3a）的表达方式增加词汇密度并且实现了双重语义的功能，例如"compensation and resettlement"同时表明了"参与者"和"过程"，赔偿款与安置也传递了一个抽象概念，但理解难度亦随之增加。因此在（3b）中，"to compensate and resettle"用来表示具体的过程，便于译员的理解。

12月31日，习近平总书记网上发表新年致辞。这篇新年致辞有1 115字，时长约8分钟。本论文将此致辞作为交替传译的材料加以分析。

致辞主要分为三部分。第一部分，习总书记对海内外人民表达了祝福。接着，在第二部分中，习总书记回顾了过去一年取得的成就和遭遇的灾难。最后，即第三部分，他制定了新的目标，展望社会主义建设的光明前景。对于这类演讲，首推运用层次网络模型。大脑中形成演讲内容的层次网络结构有助于译员更好地记住篇章结构和内容次序，并且能够减少口译中的漏译。这篇讲话包含了不少术语和新词，如"Three Stricts and Three Earnests"（"三严三实"）、"12th

---

① 中华人民共和国教育法（中英对照）［M］. 北京：法律出版社，2004.

② 中华人民共和国土地管理法（中英对照）［M］. 北京：中国法制出版社，2003.

Five-Year Plan"（"十二五"规划）、"the Belt and Road Initiative"（"一带一路"倡议）、"the Special Drawing rights basket of the International Monetary Fund"（"国际货币基金组织特别提款权货币篮子"）等。考虑到讲话的语速和情景，译员必须将整篇文章翻译得准确、流利、语言优美，因而给译员带来巨大的压力。译员必须牢牢掌握与国家建设及政治有关的术语。此外，译员必须较好地把握句子的连贯以及处理每个关键点之间的平衡。尽管这篇演讲比较简短，但交际情景要求译员在翻译时能够激发听众的热情，如下：

（4a）"这一年，我们隆重纪念了中国人民抗日战争暨世界反法西斯战争胜利70周年，举行了盛大阅兵，昭示了正义必胜、和平必胜、人民必胜的真理。"

"During this past year, we solemnly commemorated the 70th anniversary of the Victory of the Chinese People's War of Resistance against Japanese Aggression and the World Anti-Fascist War. We held a grand military parade making the truth clear to all that justice will prevail, peace will prevail, and the people will prevail."

（4b）"我们要树立必胜信念、继续埋头苦干，贯彻创新、协调、绿色、开放、共享的发展理念，着力推进结构性改革，着力推进改革开放，着力促进社会公平正义，着力营造政治上的绿水青山，为全面建成小康社会决胜阶段开好局、起好步。"

"We shall put forth efforts in promoting structural reform, and reform and opening up, promoting social fairness and justice, as well as creating a green political eco-system. We shall get off to a good start as we advance in the crucial period for China to build a moderately well-off society in an all-around way."

汉语中，排比是一种常用的修辞方式。当遇到（4a）中的"正义必胜、和平必胜、人民必胜"以及（4b）中的"着力推进结构性改革，着力推进改革开放，着力促进社会公平正义，着力营造政治上的绿水青山"时，口译员必须将其翻译成英语中相近的形式，以保留原语中的韵律和气势。

5. 结论

在口译中，选取恰当的记忆模式十分重要，但良好的记忆力同样重要。长时记忆如存储器一般，存储了各式各样的信息，诸如语音、词汇、语义以及其他专业领域的百科知识。知识的增长有助于译员更快地从长时记忆中搜寻有效信息。如果译员掌握口译内容的相关知识，能够更好地完成口译任务。在口译中，专业术语或科技术语的代替词等知识十分有用。长时记忆中缺乏足够的知识会导致口译过程中长时间的停顿、持续不断的自我纠正和停顿现象。

　　在口译中，记忆模式的合理运用有助于译员的信息理解，能够提高信息理解的正确性和有效性。但考虑到口译现场的时间限制，口译记忆模式的选取过程不可能恰如论文中所阐述的理论假设一样。此外，记忆模式快速有效的运用还需要日常大量的练习。另外，言语外知识的广泛积累也必不可缺。

第五章 口译信息转换过程

第一节 存储信息的激活扩散模式

1. 引言

　　口译过程中，无论是交传还是同传，译员都需要在理解和记忆的基础上进行口译表达，这一步在心理学上来看，研究人员称为信息提取的研究。认知心理学认为激活扩散模式是口译信息提取的有效模式，长时记忆是一个巨大的网络，通过其中一个小部分就可以启动、激活和它相关的与之相连接的知识点。本节首先对激活扩散模式的基本原理进行解释，接着讨论激活扩散模式与口译研究结合的重要价值和内容，最后总结了该模式在口译研究中的指导意义。

2. 激活扩散模型

　　激活扩散是用于搜索联合网络，神经网络或语义网络的方法。搜索过程中通过标记一组源节点（例如，在语义网络的概念）或"激活"，然后迭代地传播或"扩频"出链接到源节点的其它节点，发起后反复传播或"蔓延"，激活其他节点与源节点。激活可能源自备用路径，确定不同的标记，并于两个备用路径达到相同的节点时终止。然而脑研究表明，几种不同脑区在语义处理中发挥着重要作用（103）。

由于涉及认知心理学，激活扩散是讲述关于大脑如何通过变化的想法网络中检索出特定的信息。激活扩散理论认为，我们的概念在我们的记忆中以认知单元的方式存在，每个单元各有一个节点，其相关元件或特征经边缘连接到一起。激活扩散网络可以用网状图来表示，如果两个节点间的连线更短则说明两者关系更密切，并且与原意更相近。

在认定目标词时，如果同时给出一个相关词，参与者会花费较短的时间来对词做出反应。例如，当在给出医生这个词之前就给出护士这个词的话，参与者会对其做出更快的反应，但是如果给出的是胡萝卜这个不相关的词的话，反应就会慢一些。这种通过给出相近词的语义启动效应已经被不同的实验者使用在句子核查词汇判断和命名中（531－560）。

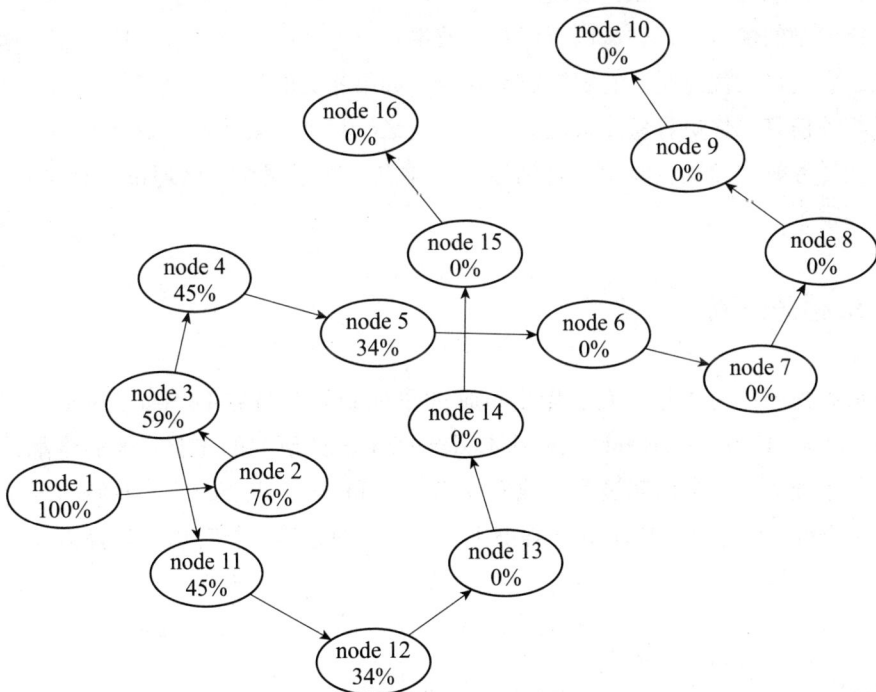

(Collins & Loftus, 1975)

在本例中，激活扩散起源于具有1.0（100％）的初始激活值节点1。每个链路具有0.9相同的权重值。衰减因子为0.85。激活扩散的四个周期时有发生。色调和饱和度表示不同的激活值。

据柯林斯和洛夫特斯[①]的研究，长期记忆中包含信息互联单位。这些连接会产生单元之间的关联（你想到一个，你会不由自主地想到其他的）或路径来控制你如何检索信息（必须沿连接线行驶）。柯林斯和洛夫特斯认为，连接是根据个人经验，并不一定符合逻辑的。而柯林斯和奎利恩认为，连接是基于逻辑的（设置子关系）。激活扩散模型的附加特征如下：

首先，概念和性质应被同等对待，因为在意义上他们都是可以被直接理解的。在柯林斯和奎利恩看来，属性包含在概念范畴内：想一个属性，比如"能飞"，你首先要考虑一个类别，如"小鸟"。其次，属性不仅与概念有关也和其他属性有关。例如，"能飞"可以直接联系到"会唱歌"。在柯林斯和奎安看来，这些链接都是一个类别。最后，信息单元之间的联系长短不一。两个单元之间的连线越长，他们之间的关联程度就越弱。

该模型的优点是，它可以解释熟悉效果，典型性的效果和直接性的概念属性关联。它的最大优点是，它解释启动效应：如果相关的信息（"素"）之前已经提出了相关信息，你更容易在很短的时间从记忆储存中检索信息。缺点是，你不能在验证任务时预知反应时间，直到你已经建立了联系网络。该理论解释了很多，但估测很少。

3. 相关研究

那些为同传的创立和发展做出贡献的早期专业人员有 D. Seleskovitch、M. Lederer 等。D. Seleskovitch[②] 和 M. Lederer 都是 SI 研究的先驱。他们将翻译解释为基于理解的一个认知过程，他们提出了"Theorie du Sens"，他们的理论见之于 *Interpreter pour Traduire* 等书中。这些书对过程、技巧以及口译教学方法

---

① Collins，A. M.，Loftus，E. A Spreading Activation Theory of Semantic Processing [J]. *Psychological Review*，1975（6）：407 – 428.

② Seleskovitch，D. *L'interprete dans les Conferences Internationales*，*Probleme de Langue et de Communication* [M]. （中译本：孙慧双译，《口译技巧》）北京：北京出版社，1979.

进行了讨论。ITI 理论指出，口译过程包括三个阶段：理解、脱离语言外壳和表达。说话者和话语之间的三角关系中，译员需要掌握意思，以及其在翻译过程中对译员母语的改写构成了翻译过程的基本模型。虽然这个理论在科学研究上缺乏依据，但它成功地将口译建设成一种职业。

Gile 将翻译比喻为在绳子上行走，这也叫紧绳假说。这意味着，虽然口译员在高压下工作，他们需要在内心中进行各种信息的协调，但他们的翻译应该合情合理。他们在口译过程中应当沉着冷静、优雅地完成任务。Gile（1991）[1] 提出了"精力分配模型"。他的理论见之于《会议口译——一个认知管理问题》（1997）、《翻译理论的基本组成和译员培训》（1992）等。在他的"精力分配模型"中，他声称要进行精力的分配，以取得听力理解、记忆，生产协调和总可用容量之间的平衡。

由 Collins 和 Loftus 所述激活扩散的机制经常被用来解释语义启动效应。激活扩散是基于一个假设，认为在语义记忆中，含义密切相关的词之间存在强烈或直接的关联。一个词的出现可以激活语义记忆对应节点，通过联结到邻近节点，这些节点又会自动扩散到相邻的具有相近意思的节点上。结果，相近词的各节点的连接花费的时间更少。激活扩散是一个自动的过程。速度快，持续时间短，不需要注意或认识，并没有预设或只需要最低的资源能力（63）。

自从改革开放政策在中国实行，笔译和口译的研究工作已经在学者中获得了越来越多的关注。此外，口译已成为翻译研究的一个焦点，关于口译论文发表的数量一直在快速增长。截至目前，在中国口译的研究已经覆盖了理论研究、实用技术、解释教学法，以及相关的介绍（如教学，在西方国家口译培训）。至于理论研究，口译研究与其他研究领域相结合，如认知心理学、心理语言学、信息理论等理论成果。

在厦门大学林郁如教授和威斯敏斯特大学杰克·罗纳根教授的带领下，"中英英语项目合作小组"提出的厦大模式较为典型。厦大模式认为，信息理解和重建的互动与专业技能和敬业精神，是口译员成功的必备因素。除了林教授，其他学者也对口译理论研究的发展做出了巨大贡献。

---

[1] Gile, D. *Basic Concepts and Models for Interpreter and Translator Training*[M]. Amsterdam: Benjamins, 1991.

　　陈友勋①讨论了口译概念合成理论的可能组合，他将概念整合过程比作知识的活化，用一小部分的激活，它会蔓延到整个认知系统并检索以前的知识。

　　从上面的研究中我们可以看出，中国学者已经在口译理论方面做了探索性的研究，这些研究主要是以实验为导向，需要有一个完整的框架或理论，以填补空白。此外，从心理学的角度出发的研究较少，因为口译工作包括口译信息处理的过程，从心理学的角度出发对口译过程研究是大有裨益的。

4. 激活扩散理论在口译中的应用

4.1　背景：记忆过程

　　记忆是一个复杂的过程。为了简化对记忆的研究，心理学家们根据时间将记忆分为短期记忆和长期记忆，根据内容分为情节记忆，语义记忆和程序记忆，根据意识分为隐性记忆和显性记忆。这种分割也不是特定的。比如，看到一个广告会激起创建了这一经验的情节记忆和语义联系形成的关于品牌的记忆。它最早存在于短期储存并有可能进入长期保存。这些信息可通过显性的记忆方式（回忆和再认）来访问，或者，如果以低介入格式接收，可以更好地通过隐性的措施（如反应时间测试，或关联的间接措施）进行访问。使记忆的研究更复杂的是识别。比如，广告信息的记忆本身是动态的，随时可能更改。过去，研究人员认为，对广告的记忆创造了一个独立的记忆痕迹，随着时间的推移逐渐消失，以及未能记住广告是由于无力找到正确的线索访问其内容（凯勒1987）。新的观点认为，对于广告的记忆与存储的其他信息之间是可以交互的，比如记住的其他广告，对广告品牌的亲身经历，以及对有关品牌的口碑信息的记忆②。

　　其中一个典型的描述这一演变过程的是记忆的激活扩散模型③。在这种模式

---

①　陈友勋. 概念整合理论在口译中的应用［J］. 重庆文理学院学报（社会科学版），2006（5）：61 - 63.

②　Edell, J. Advertising Interactions：A Route to Understanding Brand Equity［A］. In Andrew S. M. (ed). *Advertising Exposure, Memory, and Choice*［C］. Hillsdale, NJ：Erlbaum, 1993.

③　Collins, A. M., Loftus, E. A Spreading Activation Theory of Semantic Processing［J］. *Psychological Review*, 1975（6）：407 - 428.

下，概念或想法是通过一个网络相连。当一个概念被激活时，它连接到其它相关的概念。例如，当消费者看到广告时，相关品牌的概念变得活跃。一个给定的联系重复次数越多，概念之间的联系更强，更自动。

记忆是一种高效的系统，随着时间的推移，类似信息折叠在一起。在口译过程中，几个促成口译顺利完成的因素是：责任感、源语言和目标语言良好的语言表达能力、言外知识、对相关背景知识的掌握、以及对一些基本技能的掌握。在整个过程中，信息处理是至关重要的，它可以从心理学角度出发进行分析，因为这涉及记忆的激活，以及人类大脑的功能。

例如，能记起你上周四晚上在剑桥的北京餐馆里吃四川扇贝，是情景记忆，而不是语义记忆。知道四川是指中国的一个省，从而激起某种形式的概念性的知识，比如这个区域的食品往往是辛辣，扇贝是生活在海洋的脆弱双壳类海生物，则是语义记忆。情景记忆的发生不限定于特定的时间和地点，而是在于特定的个人。而另一方面，概念性知识是一个特定的文化共享的个体所共有的，虽然其确切的范围取决于个人的经验。

很多我们语义记忆的内容涉及知觉和动作，并且在大脑区域里以交叉或者对感知和行为区域能做出相应的反应的形式存在。这种关于物体表象，声音，运动及其他特征的神经反应正好证实了概念知识是广泛分布的神经网络。我们关于扇贝的知识包括了其一些基本特征，比如它的外部特征，这是大脑区域通过分析其视觉上的形式和颜色来再现的；它的移动动作，是大脑区域对这类运动认知的再现；它的质地和味道，则是味觉和触觉区的反应。随着一件事物或一个场景的出现，我们会激起大脑中与之相关的其他信息。

根据激活扩散模型，由一个词到其他词的激活反应之间的联系引起激发效应。医生一词会激发护士一词，因为医生和护士经常是一同出现的，这是由他们之间可激活扩散的链接强度决定的。连接性越强，激起的扩散反应就越多。因此，当先前熟知的相关词能促进目标词的激起时，语境能促进对新词的加工。此外，不同词的再现可能共享同一个分布网络，当一个词的成分能激起其他与其具有相近成分的词时，我们称之为激发效应。

图式提供了激发目标词的另一种方法，其定义是将预先编译的知识结构储存在长期记忆中，当需要时予以提取来帮助理解。例如，当读者意识到自己正在读一篇关于餐厅的故事时，他们就会从已储存的关于餐厅知识的图式中去提取信息。这个图式中可能包含餐厅典型的参与者如服务员和厨师，物体如桌子和菜单和事件如点菜、聊天和付款。图式可能会促进激发效应，因为调动图式会使激活效应更明显。

鸟是动物，当你听到鸟和动物这两词时会激活关于这两词的记忆。激活扩散到所有和这些成分有关系的线上，为了做出命题为真的反应，对每个成分的激活必须在同一条线上交汇。对比下面的句子：

昆虫是动物。昆虫与动物间的连线比较长，是一种比较弱的联系。所以激活的时间也比较长，要做出反应，时间相对也较长。

这是非常典型的效应，昆虫与鸟相比，后者更典型的属于动物这一范畴。呼吸既是动物的属性也是鸟的属性，在柯林斯和奎利恩看来，它只与动物相关。土豚和动物之间的连线比金丝雀和动物之间的连线更长，因此，确定土豚是动物要比确定金丝雀是动物要花费更长的时间，这是典型的熟悉效应。

在口译过程中，如果译员对输入的信息比较熟悉，比如一个由具体词构成的句子：I am a student，此时在译员的大脑中会形成一个直接的印象和联系。"I"对应"我"，"am"对应"是"，"a"对应"一个"，"student"对应"学生"。两种语言是高度重叠的，共同存储在译员的大脑中。它所表达的意思正好是译员大脑中想要激活的节点和路径，因此双语的转换在概念层面上进行，这就只需更少的节点的激活和更短的激活路径，这是一种直译，因此对于译员来说比较容易。

由此我们可以得出，在译员培训中，我们应当加强两种语言间的联系，在译员大脑系统中形成两种语言的高重叠度。此外，译员应当熟知同一个词的不同表达，在大脑中建立相同或相似的激活扩散路径，由此可以进行概念转换，减少口译过程中的精力消耗。

上面探讨了译员对熟悉的语言输入在概念整合网络中进行认知操作的情况。然而，绝大多数情况下，译员会遇到陌生的用语及表达。例如，译员听到的是这样一句话："He is a lion"。这里，仅在两个心理空间中展开映射已不能解决问题，因为激活的节点及路径在 Input 2 里呈现的是"他是一头狮子"。这显然和译员头脑中的常识相悖。根据会话合作理论，说话者是要遵循"质的准则"（quality maxim）的，即交谈时要说真话，不说假话，也不说缺少证据的话。在正常情况下，说话者不可能说一些违背事物真相的话的，他的话应当总是有意义的。如果他故意违背合作原则，那么必有深意隐藏在其后（implication）。这时，仿佛是在做一个有趣的智力游戏，说话者说出了谜面，听话者根据相应的游戏规则，努力破解谜底。此时的理解只能通过词汇联结在形式层次上展开。译员借助母语词汇进一步激活头脑中的相关概念，直至找出一个合理答案。这只能在合成空间的层创结构中通过组合、完善、扩展等一系列的认知操作来完成。

在心理学术语中，图式是对先前反应或先前经验的一种积极组织，是对过去获得的知识经验的一种抽象表达，它可以对获得的材料进行重构和改造，从而使人的行为受先前经验的影响。图式也被认为是一种关于已有概念的智力结构，一个可以展现世界某一方面的框架，也是一种组织和认识新信息的系统。图式使人在知觉事物时产生特有的期待和假设，形成某种知觉定势，从而影响信息的接收，支配知觉对象意义的确定。从组合到图式识别，这是一个自下而上的过程，译员通过这一步可以识别、匹配激活点所属的图式结构，从而调动相应的图式结构帮助自己理解未知现象。而这一步一旦完成，理解的方向就反过来，变成图式理论中由上而下的过程。这时，译员可以利用头脑中已有的图式结构知识来认识新的组合。所以，在"完善"的过程中，译员已跨出了认知领域中意义重大的一步，成功地化未知为已知，借助已知来了解未知。

激活扩散理论认为人类在交际中不会也不可能用言语把概念的所有信息一一表达，它只可能有选择地运用一系列自己认为合理且足够的信息点，跳跃式地激活听者大脑网络中的概念路径，来达到预期的交际目的，即自然语言具有信息压缩性，抑或如海明威所称的"冰山理论"一样：概念结构体现在语音文字中的部分很少，其大部分都藏匿于语音文字之外，就像浮在海面上的冰川一样，浮出海面的只是一小部分。我们想到的总是比表达出得多，推论时启动的概念比接收到得多。所以，译员在口译时要通过激活相关节点，提取话语的隐性信息。具体到这个例子中，"他"作为人的概念与"狮子"作为"动物"的概念被激活后，两个概念外延扩散相交而发现共同激活的节点是"强壮""勇猛"等特征，于是译员在"他"和"强壮""勇猛"的节点之间建立了一新的激活路径，形成一个新的知识表征，即"他像狮子一样强壮、勇猛"。

实质上，这一步也见证了人类认知无限发展的威力。因为，人类头脑中的原有的知识表征为认知新事物提供了心智操作的基础和平台，而新认知的知识又动态调整、不断丰富原有的概念网络，从而形成新的知识表征，参加下一轮认知操作，于是人类就可以在越来越高的起点上，认识和改造世界。

5. 结论

口译工作的完成取决于译员有效的信息记忆，存储和提取。对于译员来说，信息的存储和提取功能在理解源语言和进行目的语的表达起着重要的作用。激活扩散模式对口译信息的提取有举足轻重的作用，通过对理论及其原理的阐述，可以有效指导口译实践。

该模式提出了一个心理框架，可以帮助译员更好地接受吸收理解和激活相关知识，并且增强译员的自信。同时，它也有助于信息的推理，并不是所有的文本都是易于理解的，在口译过程中，经常会遇到陌生的表达和生词。这种情况下，译员必须激活大脑中储存的知识，通过对单词表征意思的推测建立新的联系。此外，他能够重新构建新的信息系统。工作记忆储存量有限，持续时间也有限，译员需要利用激活扩散模型来对缺失的信息进行合理的假设和推测，以此来重新建构信息系统，顺利地完成口译工作。

第二节 口译信息提取中的重构式

1. 引言

任何两种语言都无法完全对等，因此重构式在口译活动中必不可少。作为补充缺失信息的有效工具，重构式在整个口译活动中极为重要，因为它是源语理解与译语产出之间的中介。本文将着重论述重构式的运作过程及重要性，并为口译教学提供一些建议，以提高口译质量。

基于理解与记忆的口译活动在心理学上叫做口译信息提取。由于英汉两种语言之间差异巨大，故若想更好地实现信息提取，重构式则是一个有效甚至必要的手段。能够在目的语中同时保留源语内容、语序和结构的例子少之又少，因此口译员往往会利用重构式，以使译语更为地道。

人们常常认为，重构式发生在话语产出的阶段。从表面上看，话语理解与话语产出二者中不可缺少的媒介都是语言，但其实，这两个系统并不相同。首先，话语产出需要说话人进行肌肉运动，然而话语理解需要的是对源语信号的听解，这就意味着这两个过程之间的根本差异在于语言器官和心理功能之间的差异。再者，语言理解是一个解码的过程，接受者由话语的表层含义进入深层含义，而话语产出则是一个编码过程，说话人是由深层含义到达语言表层。其三，从注意力的角度而言，话语理解的重点在于如何将语音信号转换成说话人想要传达的概念或深层结构，不过话语产出的重点则正与之相反。最后，话语理解的关键是话语接受者能够成功地获得说话人的意图与信息，而话语产出的关键则是说话人该怎样制定并实施自己的语言计划。

较之有关语言理解的研究而言，心理学领域中有关话语产出的研究则极少。同样，虽然实践已证明重构式在口译中非常有效且必不可少，但大多数研究只局限于语言层面，极少涉及对口译中的重构式进行分析和解释。口译是一种特殊的口语产出活动，因而也不会背离一般口语产出的特点与要求。所以，本文将结合认知心理学的相关知识，对口译信息提取中的重构式进行论述，而这一阶段的重构式是基于译员有意识的思考与专业训练之上的一种选择。

2. 文献综述

一般而言，有关重构式的研究并不多，绝大多数心理学研究都旨在探究重构式是发生在源语理解阶段之中还是之后。

依据相关的口译理论，口译包含三个阶段：源语分析与理解、源语与目的语之间的语码转换和话语产出。尽管对各个阶段的划分并无分歧，但对于这三阶段的顺序则存在两种观点，即串行加工观与并行加工观。支持前一个观点的人认为上述的三个阶段是串行的，只有当译员完全理解了所听内容后，语码转换才能够开始。也就是说，他们认为重构式虽然发生在口译活动中，但却是在译员完全理解了源语后才发生的。Paradis[1] 和 Paradis，Marie-Claire & Abidi[2] 都是这一观点的支持者，并提出了口译策略：译员首先对源语进行解码，即从语音、语素、句法和语义层面对源语进行分析，直到建立起非语言概念表征，对源语的理解得以实现；然后以目的语对源语意义进行编码。在理解阶段，目的语并非是由源语激活，而是在概念表征形成后才得以产出，换言之，源语与目的语之间的转换是通过概念中转的，因此对源语的理解和语言转换是串行的。但是提出这一理论是基于失语症病人的研究提出的，而非基于正常的双语者。

另一方面，并行加工观的支持者则认为译员在看到或听到源语时语言的结点就已被激活[3]。换言之，这一观点认为重构式发生在理解阶段。Macizo & Bajo[4] 和 Ruiz，Paredes，Macizo & Bajo 从对句子进行即时加工的角度对源语理解和语言转换进行了探究。他们将读后复述与读后口译进行了对比，采用了自定步速阅读范式收集词的阅读时间。阅读材料是句子，而非篇章，因为篇章的语境因素胜于句子。Macizo & Bajo[5] 假设，如果串行加工观是正确的，那么口译中对源语的理解就与复述中的一般理解类似，如果并行加工观是正确的，那么上述两种理解之间一定存在差异，因为源语在理解加工时会激活目的语，开始转换过程。Macizo & Bajo 发现，首先口译理解中的工作记忆所承受的压力要甚于普通的理解，这就说明口译理解和一般的理解并不相同，因为前者和转换过程叠加，所以工作记忆的压力便增大了；再者，只有在口译任务的阅读过程中，句末的同源词的阅读速度比非同源词快，这就说明了并行加工观的正确性。Ruiz 和其他研究者[6]发现，只有在口译任务的阅读过程中，在控制关键词频率的前提下，当句末

① Paradis，M. Toward A Neurolinguistic Theory of Simultaneous Translation：The Framework [J]. *International Journal of Psycholinguistics*，1994，(3)：319 - 335.

② Paradis，M.，Marie-Claire. M & Abidi，R. Alternateantagonism with Paradoxical Translation Behavior in Two Bilingual Aphasic Patients [J]. *Brain and Language*，1982 (1)：55 - 69.

③ De Groot，A. A Complex Skill Approach to Translation and Interpreting [A]. In S. Tirkkonen-Condit，S & Jääskeläinen，R. (eds.). *Tapping and Mapping the Process of Translation and Interpreting* [C]. Amsterdam：John Benjamins，2000：53 - 68.

④ Macizo，P. & Bajo，M. T. When Translation Makes the Difference：Sentence Processing in Reading and Translation [J]. *Psicológica*，2004，(2)：181 - 205.

⑤ Ibid，4.

⑥ Ruiz，C.，Paredes，N.，Macizo，P. & Bajo，M. T. Activation of Lexical and Syntactic Target Language Properties in Translation [J]. *Acta Psychologica*，2008 (3)：490 - 500.

词的翻译对等词是高频词时，该词的阅读速度快于对等词是低频词的句末词，这是因为高频词更易提取，说明这时转换已经开始。他们的另一个发现是，只有在读后口译中，位于句首和句中的与译语语法结构相似的源语结构才促进了阅读，这是因为源语更易激活译语中相似的结构。这也证明了转换正在发生。赵晨[1]发现，相比复述，口译任务中的理解会消耗更多的认知资源，这种消耗源自由工作记忆容量决定的语码转换。这意味着重构式确实存在于理解阶段之中。

对心理学领域有关重构式的研究进行了上述的梳理后，可以很清楚地看到所有的研究都集中于重构式何时发生或其如何发生。但是极少有研究详述重构式缘何必要、其在信息提取中的重要作用及其带给我们的启示，因此，本节将对这几点进行重点论述。

3. 重构式的概念

重构式是利用逻辑线索和其他相关知识来补充记忆的一种手段。事实上，这个概念是基于信息理论中的信息加工，最早由美国数学家香农（Claude Elwood Shannon）提出。信息理论认为人类掌握信息的过程决定了人类的活动，使用和接收信息给人类提供了学习过程。信息理论关注的是人类如何在自身认知的基础上处理和选择信息，强调的是人类的选择、记忆和运作[2]。在奈达（Eugene Nida）看来，这一理论也可适用于具有交流本质的翻译。吉尔（Daniel Gile）[3]进一步将这一理论运用到了口译领域，并强调口译的过程包含对源语的解码和通过译员的记忆与信息加工对其进行口译。赛莱丝科维奇（Danica Seleskovitch）和勒代雷（Marianne Lederer）曾认为口译包含三个步骤：理解、脱离源语外壳和重构。在理解阶段，意思会与相关知识结合，语音和认知知识结合，从而形成文本意义，译员听到的是意思而非话语，并通过逻辑推理和记忆接受、分析信息，开始其被动记忆。在"脱离源语外壳"这一步中，译员会抓住由语言信号所引发的认知和情感意义。"重构"即以新的方式对源语进行转述。简言之，在赛

---

① 赵晨. 中英不平衡双语者口译中的源语理解过程 [J]. 外语教学与研究，2013（1）：93 - 104.

② 周道明. 基于信息加工理论的初中英语词汇教学模式研究 [D]. 南京：南京师范大学，2008.

③ Gile, D. 口笔译训练的基本概念与模型 [M]. 上海：上海外语教育出版社，2011.

莱丝科维奇和勒代雷看来，"重构"是用另一语言传达信息的最后一步，或许也是最关键的一步，因为目标接受者能够直接感受到这一过程，他们会对通过译员的表达判断口译质量的高低。

从认知角度来说，一旦译员获得源话语便开始在其理解的基础上对意义进行建构。译员的任务即"说别人的话"，也就是说，他（她）要将说话人的信息以接受者能够接受的方式传达出来。有人认为说别人的话比说自己的话容易，因为译员无需建构自己想说的话，只需要用另一语言传达经过理解加工的信息，而无需对内容提前做准备。从这一意义上来说，口译中意的形成确实不同于单语交流，因为口译中并无必要的创造，而单语交流则包含了思想的创造过程。

口译中的内容构建对一个译员来说非常重要，这一点前文也已表述过，不过源语理解对于用译语构建意义格外重要。换言之，口译的内容大部分由译员对源语的理解决定，甚至可以说"好的理解是成功的一半"，其原因就在于译员需要传达的内容就暗含在其对源语的理解中。一般说来，口译的过程如下图所示：

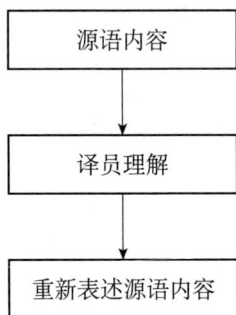

```
┌─────────────────────┐
│      源语内容        │
└─────────────────────┘
           │
           ▼
┌─────────────────────┐
│      译员理解        │
└─────────────────────┘
           │
           ▼
┌─────────────────────┐
│   重新表述源语内容   │
└─────────────────────┘
```

正如上图所示，口译中意义的构建源自说话人所说的内容，经过译员的理解，最终到达"重新表述源语内容"这一步。很明显，译员的理解在整个过程中处于中心位置，充当了首末两个步骤之间的中介。理解的作用与重要性在上图中一览无遗，但我们需要重新认识的却是最后一步。虽然人们一般认为口译中意义的产生似乎是一个毫无创造力的过程，与具有创意的单语交流正好相反，但这并不意味着口译就是机械地复制源语内容。事实上，不同的译员对同样的源语内容有不同的理解和翻译版本恰恰证明了口译中意义的形成是一个积极的重构思想的过程，而非一个简单复制源语思想的被动过程。此外，源语内容的绝对再现或完全对等是绝对不存在的，原因就在于译员作为某种语言和文化的特殊产物注定要受到该语言和文化的影响。因此，译员的理解和他（她）形成的意义会受到影响，而译语也多多少少会与源语内容有出入。

一旦源语的内容被译员理解并在译员头脑中形成某种结构，这就意味着译员已获得了语义输入，而这种语义输入对译语产出必不可少。语义输入指的是说话人拥有的材料，它是话语的基础。但是，语义输入实质上属认知范畴，而非语言范畴，这就要求说话人必须用某一语言对语义输入进行编码，以形成可观察的话语。就双语口译来看，译员基于自己的理解获得的语义输入反映了脱离语言外壳的过程或者说是意义构建的过程。不过，获得的语义输入或构建的意义并不等同于口译的内容，因为基于源语理解之上的语义输入本质属于认知范畴。因此，语义输入必须转化成具有口译结构的话语信息，换言之，译员必须在语义输入与产出译语之间完成这一转换。

依据上文所述的译语形成的过程来看，我们对"重构"也有了更深刻的了解。产出阶段的重构对我们大多数人来说不难理解，也很熟悉。产出阶段就是利用笔记和短时记忆，用译语忠实、顺畅地传达源语信息。这一阶段的重构就是要采取各种措施去弥补丢失的或难以表达的源语信息。由于话语产出非常复杂，因此这就要求译员要唤醒存储在长时记忆中的信息，如情景知识和百科知识，还要从心理词汇库提取信息对话语前信息进行编码，因此无法提取信息在口译的任何阶段都有可能发生。译员面对这一困难必须利用重新表达来弥补缺失的信息。将译语与源语进行比较，我们便可发现重构是语言重组中的一个特殊现象。

译员不仅要完成普通交流中所必需的语言输出，还要依靠短时记忆中存储的信息和笔记用恰当、完整的方式表达出说话人的说话内容。换言之，在完成对源语的理解和存储后，译员要以后来的笔记作为基本线索和信息结构，将自己的笔记转换为语段、建构译前信息。这就是口译的第二步，即信息的形成过程。

理解和存储阶段过后，译员需要根据短时记忆和笔记对源语进行"二次理解"，也可以叫做"重新理解"或"笔记解码"。在这一阶段中，口译员离一开始接收到源语的时候更加遥远，短时记忆中的信息也开始慢慢遗忘。这时，用译语进行重构则不仅需要文体知识，如一致性，还需要译员能够抓住源语逻辑、随机应变。

4. 信息提取中重构式的重要性

英汉两种语言之间的巨大差异让我们不得不采用重构式。重构式是信息提取的有效手段，能够帮助译员搜寻脑中的逻辑线索，充分发挥译员的非语言知识。重构式在口译信息提取中的重要作用可由以下两方面说明。

其一，重构式能够使话语产出更易为受众接受。英汉两语之间的差异要求口译中必须采用重构式。虽然世界上的语言都有共性，但没有任何两种语言能够完全对等，英汉两种语言亦不例外。汉语明显是一种意合语言，而英语是一种形合语言，二者差异显而易见。正如印欧语系中的其他语言一样，英语的核心即形式变化，注重的是形式和句子的完整性。但是汉语并不受时态、语态和其他形式的束缚，所受限制的唯有语序。王力先生曾说："西洋语言是法治的，中国语言是人治的"①。因此，在大多数情况下，英汉两语互译时必须对形式进行巨大调整，这样才能保证口译的内容形式恰当、语法正确、符合习惯表达。重构式在源语理解和译语产出两个过程中同样重要。产出阶段的重构要求译员必须脱离笔记中的源语外壳，即译员要关注并记住的是笔记的意思，而不是表层结构，这样才不会影响译员的表现。如果译员没有在话语产出阶段采取重构的策略，而是用源语词语和结构去建构译语话语，那么这样的译语将很难为人接受。"用源语的结构和词汇来建构译语是很冒险的事，因为两种语言之间的句法和语法差异会让译员陷入困境②。"译员一旦被结构束缚，犯的错误就会变多。此外，如果译员在译语产出阶段没有采用重构式，就会译出不地道、不清晰的信息。

重构式在产出阶段的重要性是由口译的性质决定的。口译也属于一种口语交流，但口译的声音转瞬即逝，只会在接受者的脑海中留下认知记忆。口译过程中得到保留的信息一旦被传达出来就必须被受理解。因此译语必须在词汇与结构上清晰易懂，在语音、语调和节奏上满足受众的需要。简言之，重构式能够使译语更易为人接受。

---

① 刘宓庆. 中国翻译理论的宏观构架 [A]. 耿龙明. 单一论丛 [C]. 上海：上海外语教育出版社，1998.

② Gile, D. 口笔译训练的基本概念与模型 [M]. 上海：上海外语教育出版社，2011.

其二，重构式能够实现口译的既定目的。口译的目的就是为接受者提供最为准确的信息，因此实现交流功能是口译的关键。上文讨论的语法问题只是一个相对表层的方面，而正确的语法也未必能够保证口译的质量。译员是话语发出者和接受者之间的桥梁，因此必须对源语话语的既定目的给予同样多甚至更多的关注。目的论的提出者莱斯（Reiss）和弗米尔（Vermeer）认为口译是带有既定目的的一种活动。译员在口译时必须考虑到信息发出者的要求、既定目的和接受者的感受。此外，口译深植既定文化之中，不同的文化有不同的习惯和价值观，因此口译并不只是一项语言转换活动。口译的基本原则就是实现话语发出者的目的，也就是说，目的决定口译方法。但是口译的目的并不是由目的论决定，而是由接受者决定，因为接受者才是目的确定中最重要的因素。例如，在外交口译中，译员的责任往往是宣布重大事件、表明政府立场、提升政府形象，因此译员必须正确、准确地传达信息。如果忠实源语会影响接受者的理解甚至影响话语发出者目的的准确传达，那么译员就必须为了实现话语的既定功能调整其翻译。这里的调整就是对重构式的反映，译员在这种情况下就必须采用重构式。

英汉两种语言在语言结构和文化上都不一样，文化在口译中的影响更大。如果译员不能对源语信息进行重构，那么接受者可能就无法理解说话人想要表达的意思，更可能会让接受者误解说话人的真实意图。在重构的过程中，译员要努力唤醒存储在记忆中的非语言知识，为译语补充额外的必要信息，这样才能更准确地向接受者传达信息，避免误解产生，因此重构是一种整合不同文化间差异的手段。

5. 结论

理论永远是为实践服务的，重构式理论也不例外。重构的必要性和必然性是由口译的过程和语言加工的特点决定的。更好地理解重构式会为我们提供有益的建议和指导，帮助我们有效地提高口译质量。仔细思考重构式的运作方式及其作用，我们会发现重构式至少受到四个因素影响。所以笔者将依据这四个因素提出进一步的建议。

回到上文的图表处，我们会发现理解的好坏直接影响重构式的质量。因此，采取一些方式来提高译员的理解能力非常有必要。口译中的理解可分为一次理解和二次理解，一次理解是指译员在听的基础上对语法、语义和语境做出分析的过程，而二次理解是指译员在笔记和短时记忆的基础上做出第二次分析的过程（亦可称作笔记解码的过程）。为了保证口译的准、达、快的目标，抓住说话人的逻辑是前提，也是一个有效的方法。这就要求译员要注意话语中的问题、原因或内部联系等，这样才能让自己的笔记结构清晰，安排地有逻辑性和连贯性。好的一次理解能够保证笔记解码和二次理解中的即时回忆，而二次理解也为一次理解提供了逻辑验证和补救改善的机会。

重构式的基础是存储在译员头脑中的知识，这些知识既包含语言知识，又包含非语言知识。重构式的目的之一就是保证译语的可接受性，这便要求译员要精通译语。在口译中，译员不能提前听到源语，而意外总会发生，因此对源语知识掌握地越多越好。不管在什么情况下，译员都应该完整掌握源语的词汇、语法和文体风格。在会议口译中，译员要很好地掌握所有相关信息，这样一来就不会在理解上占用很多时间和精力。此外，非语言知识也非常有益。译员对口译情景了解得越多，那么他就更好地理解说话人所说的内容。这种知识之所以有益是因为它能够让理解更加容易，而深刻的理解在译员克服话语产出的困难时帮助极大，因为这样的理解能够让译员跨越很多语言障碍。另外，储备一些非语言知识能够让源语话语在译员听来更为明了，提示译员选取什么对等词才恰当。因此一个合格的译员必须具备宽广的知识面。

很多有关影响重构式的因素的研究都表明：记忆尤其是短时记忆是译员必须具备的基本素质。短时记忆是语言理解和话语产出的一部分。正如上文所述，理解直接影响译员的表现，因此记忆是重构式的关键。在某种程度上，记忆是区分译员优劣的一个重要标志。从吉尔的精力分配模式来看，在 SI（同传）＝ L（听力与分析）＋P（言语产出）＋M（短时记忆）＋C（协调）等式中，记忆相当重要。短时记忆是脱离源语外壳的基本。在口译中，译员不能也不必记住源语的所有用词，因此如何有效地记忆关键信息对译员来说是一个艰巨的任务。天生记忆超群的译员少之又少，因此记忆训练对译员来说意义重大。短时记忆是语言理解过程中的一部分，因此我们要充分重视一次理解。想要成为一个合格的译员必须要提高自己的听力，在听力训练中尽力准确理解源语。此外，口译是一项需要高度注意力的活动，而人的注意力容量却是有限的，这说明译员必须合理分配自己的注意力才能保证译语质量。如果译员在某一项任务上消耗太多注意力，那么在处理其他问题时能够分配的注意力就会更少，这样就会影响口译的整体表现。

最后一个因素是译员的心理素质。口译是一项认认知活动，因此就会和译员的情绪有着密切的联系。对译员来说，心情平静时更容易记住源语信息，焦虑或紧张时会造成记忆堵塞或理解障碍。负面情绪会影响重构式的质量，因此译员要多多参加口译实践，增长自信、汲取经验。

对重构式运作方式的解释能够让我们更加清楚重构式在译语产出中的作用及其在整个口译中的重要性。对重构式了解得越细致，就越能让我们所关注的口译问题清晰明了，同时也能为今后的口译探究提供理论支持，并为口译教学提供相关建议，实现口译质量的提高。

第三节　口译记忆信息解码过程研究

1. 引言

认知语言学中的解码，首次在图式理论中提出，指的是语篇信息提取及获得的方法。虽然图式理论建立了数十年，并且被无数国内外的学者不断发展，但是建立图式理论与解码联系的却为数不多。在中国，虽然有运用该理论分析听力理解的几项研究，但将其用于分析口译的研究却基本没有。图式理论中的解码理论能否运用于口译信息解码？如果能，此理论的作用方式是怎样的？此类解码的过程又是怎样的呢？

近年来，随着对口译研究的逐渐深入，对口译过程的研究开始慢慢兴起。口译解码，作为口译信息提取中的重要过程，有着很大的研究价值。本节从认知语言学角度，利用图式理论、吉尔模型等理论，对口译信息提取过程中的信息解码进行了探究，对图式解码、口译解码的含义、过程等进行了分析，从而提出了提高口译能力和水平的启示和训练方法。

2. 相关研究

国外对于解码的研究比国内研究起步早、发展快，其中包括的理论也很多。从 20 世纪 30 年代起，专家们就通过实验和理论研究，开始从认知语言学角度分析语言现象，并提出了图式理论等宝贵思想（Bartlett，1932①；Rumelhart，1980②；Cook，1989③）。其后，在此基础上，许多西方教育学家、语言学家将其发展，并通过此理论促进自己研究领域内的研究。例如，1976 年，Kenneth④ 将解码理论用于听力理解，并指出此过程中的具体阶段。西方学者也将解码理论运用到更加实际的领域，在教育、翻译等领域取得了巨大的、跨学科的成就（如 Ausubel，1996⑤）。这些成就为西方国家进一步的研究奠定了基础。然而，在中国，此类研究起步的却远远晚于西方国家，对此方面的关注也较少。我国与建立在此理论之上的或与其相关的研究数量极其有限，研究的发现主要集中在下述领域。一方面，传统语言学领域的相关讨论较为常见。其中，解码理论常用于分析语言问题，如话语交际（朱桃英，2014⑥），动态语境（徐翰，2008⑦），以及语篇（苏章海 & 李志岭，2010⑧）。这些都是传统、抽象、学术性的纯理论研究，因而对实践的指导作用不太明显。另一方面，有些学者致力于将抽象的理论与实

---

① Bartlett，F. C. *Remembering* [M]. London：Cambridge University Press，1932.

② Rumelhart D E. Schemata：the Building Blocks of Cognition [A] In Spiro R，Bruce，B. & Brewer W. (eds.). *Theoretical Issues in Reading Comprehension*：*Perspectives from Cognitive Psychology*，*Linguistics*，*Artificial Intelligence*，*and Education* [C]. Hills dale：Erlbaum，1980.

③ Cook G. *Discourse in Language Teaching*：*A Scheme for Teacher Education* [M]. Oxford：Oxford University Press. 1989.

④ Kenneth C. *Developing Second Language Skill*：*Theory to Practice* [M]. Houghton Mifflin Company. The Center for Curriculum Development. INC. 1976.

⑤ Ausubel A. Schema Theory and The Design of Content-area Textbooks [J]. *Educational Psychologist*，1986，253 - 267.

⑥ 朱桃英. 话语交际中预设、解码和推理的再探讨 [J]. 长春工程学院学报，2014，15 (1)：80 - 82.

⑦ 徐翰. 口译信息解码与动态语境的关联性研究 [J]. 江西师范大学学报，2008，41 (4)：123 - 126.

⑧ 苏章海，李志岭. 语篇的逻辑连贯手段与语篇信息解码 [J]. 山东教育学院学报，2010，(2)：41 - 45.

际应用结合起来，如听力理解（刘也玲，2005①；李爽，2010②）、语言测试（侯磊娟，2009③；陈文雅，2012④），以及教学方法，尤其是提高听力水平的教学策略（周相利，2002⑤；缪维嘉，2014⑥；吴志平，2015⑦）。然而，只有屈指可数的研究者将目光投向口译的解码和信息获取（刘文红，2005⑧；龚龙生，2006⑨；王建华，2009⑩；李媛媛，2013⑪；樊继群，2014⑫）。

由此可见，尽管起步较晚，中国的专家学者正不断地增强对解码理论及其相关实践的关注，越来越多的人正在将此类研究深入，并取得一定的成果，在听力理解和教学方面的成果尤其显著。同时，随着研究范畴的扩展，口译过程中的解码也开始引起研究者们的兴趣。然而，大多数的研究都把"解码"视为普通概念，表示"理解"的含义，而不是将其看作心理学或者信息学中的术语。因此，其研究方法和结论实际上只关注了口译本身，局限于传统语言学本身，而未借助其他领域的专业知识。不仅如此，关于口译解码的研究仍然很不充分，尤其是在其过程方面的研究。

总之，从心理学方面进行的口译研究还处于初级阶段，而作为专业概念而存在的"解码"的概念仍需在学术界进一步普及。本节将从认知心理学角度着手，对口译信息获取中的解码过程进行讨论。

---

① 刘也玲. 论图式理论与英语听力教学 [J]. 邵阳学院学报（社会科学版），2005，(2)：155-157.
② 李爽. 以图式理论探析听力语篇理解中文化信息的解码取向性 [J]. 长春理工大学学报，2010，23 (2)：157-159.
③ 侯磊娟. 图式理论 CET-6 听力测试中的体现及启示 [J]. 北京邮电大学学报，2009，11 (5)：90-96.
④ 陈文雅. 大学英语四级短文听力的信息解码策略 [J]. 琼州学院学报，2012，19 (6)：143-144.
⑤ 周相利. 图式理论在英语听力教学中的应用 [J]. 外语与外语教学，2002 (10)：24-31.
⑥ 缪维嘉. 基于信息解码的主题教学模式探析——以《大学体验英语》为例 [J]. 长春教育学院学报，2014，30 (4)：99-100.
⑦ 吴志平. 浅谈口译的解码功能与听力教学 [J]. 海外英语，2015 (4)：55-56.
⑧ 刘文红. 论英语口译中的听觉解码 [J]. 湘潭师范学院学报，2005，27 (1)：111-112.
⑨ 龚龙生. 心理压力对口译解码过程的影响 [J]. 外语电化教学，2006 (108)：40-43.
⑩ 王建华. 英汉口译的最佳语言信息提取和记忆模式设计研究 [J]. 洛阳理工学院学报，2009，24 (2)：32-35.
⑪ 李媛媛. 论口译信息解码过程中的生态选择 [J]. 鸡西大学学报，2013，13 (2)：67-68.
⑫ 樊继群. 口译笔记训练对大学生信息解码能力训练的启示 [J]. 牡丹江大学学报，2014，23 (3)：164-166.

3. 图式理论中的解码

3.1 　图式理论中的解码理论

术语"解码"在英国心理学家 Bartlett（1886—1969）的作品中，首次被引入心理、教学领域。在心理学中，图式指的是由个人运用语言或认识世界的知识组成的背景知识。由于所有知识都由一系列的单元组成，各单元之间又相互联系、相互作用，于是一个巨大的知识体系由此形成，其中不仅包括知识本身，还包括运用这些知识的信息。

在图式理论中，人们以"图式"的形式将对世界的感知存入大脑，而"图式"的含义就是背景知识。图式可被视为一个巨大的储存系统，在这个系统中，个人知识和经验按照分类一一存入大脑。而接收新信息时，大脑会创建一个新"文件夹"（即图式）储存新信息或者将信息放置于已经存在的相似图式中。因此，随着知识的增加，会出现各种不同的类别和不同水平的图式组。这些相互联系、相互嵌入的图式组组成了长期记忆中的巨大网络。根据图式理论，图式主要包括结构图式和内容图式：结构图式是指读者或译者在文章结构或者修辞方面的知识，包括文本符号、发音、词汇、句法和语义结构等；内容图式则是指与文章内含或外延相关的背景知识，包括文化知识、语用知识和专业知识等。

3.2 　图式理论中的解码过程

为解释文本的理解过程，图式理论中强调了两种信息加工的方式。

一种是自下而上的加工方法，也被称为"数据驱动处理"，基于词语的，从低层逐渐扩展到高层运用的解码活动。首先，读者或译者应该从材料中获取文本信息。然后，通过语义和语法处理，将词组合成为句子、段落甚至文本。随着信息化进程的推移，材料的内容将得以理解和翻译。这种方法使读者和译者较容易注意到那些与其设想的关于文本的内容和结构不匹配的新信息。

另一种是自上而下的加工方法，也被称为"概念驱动处理"，在此过程中，感知系统将预存的知识和经验作为引导，搜索信息的主要含义。在文本符号进入大脑之前或之后的短暂时间内，信息接收者已经有既有知识基础，如语法知识或与文章具体内容相关的其他知识，帮助其进行预测文本材料内容并处理信息。在信息处理过程中，预测不断被否定、确认或细化，直至整篇文章的理解和翻译最终完成。"自上而下"的方法可以加快信息的消化、吸收，有助于消除歧义。

这两种方法各有利弊、相互补充。输入的信息激活低级图式，进而激活更高级的图式。而高级图式，通过自上而下的加工方式（如进行推理），可以弥补材料低级加工中的不足。这两种方式在词汇、短语、句法、语义和语篇层面同时进行，并相互作用。

至于听觉信息，心理学家指出，听力理解过程是一种解码过程。也就是说，听是接收和理解声音信息（即听力理解）的过程，是倾听者将说话者编码的信息进行解码的过程（即解码理论）。Kenneth①认为听的关键就是听力理解，而听力理解由五个部分组成，而其中后一个部分总是依靠前一个部分才得以进行，这五个部分为：辨音、信息感知、听觉记忆、信息解码、运用所学语言使用或储存信息。但听力语篇理解过程不是一个简单的语言信息解码过程，而是一个解码与意义重构的有机结合，进行积极的动态思维过程。除了对语音、词汇、语法等语言知识进行听辨和理解之外，听者还要对语篇所包含的各种非语言信息（即世界知识）进行理解和探究。

4. 口译中的解码

4.1　口译解码的含义

口译的听觉解码过程首先是感知信息，听者感知语音码，进行相关的解码过程，并通过理解最终表达信息。可见，听觉感知是听觉解码的第一步，体现了听觉感知在口译的信息传播中的重要作用。而在实际过程中，听觉感知能力强的口译员可以获取更多的信息和内容，这会使口译员占据优势，使其有更多的时间和精力去进行词语的分析、大意的解读，通过判断和猜测来实现信息的表达。

良好的听觉感知需要充足的准备，包括明确任务、注意集中、心理准备、不断练习四个方面的内容。这些会为听觉解码奠定良好的基础。然而在实际操作过

---

① Kenneth C. *Developing Second Language Skill*：*Theory to Practice*［M］. Houghton Mifflin Company. The Center for Curriculum Development. INC. 1976

程中，听觉解码过程会更加复杂。由于环境、心理压力等方面的因素，误听现象经常发生，解码的过程总是障碍重重。在这种情况下，译员需要有能力调动自己的判断和分析，以正确地把一种语言解码为另一种语言。因此，合格的口译员需要有足够的知识储备、准确的方法以及正确推理和判断能力。

4.2 口译信息解码的过程

口译的解码过程包括三个步骤，分别是信息的理解、反应和加工。在口译信息内容的加工中，口译解码对于输入的源语和输出的目的语之间的语码转换起着至关重要的作用。解码指的是口译员分析源语信息的信息语码，并获得其中的语言和非语言信息的过程。原语信息码是多方面、多层次的，包括语言码（语音、句法、词汇等）与非语言码（文化因素、主题知识、语境等）。在信息认知中，口译员充分发挥其主体性，以调节其与客观信息的关系。为完成信息解码，口译员需最终选择可取的信息。相应地，口译信息认知也不仅仅是被动接受的过程，而是一个需要谨慎选择的、强主观性行为。因此，解码过程是一个需要高水平口译员的复杂活动。

4.2.1 口译解码过程中的信息理解

实验结果表明口译理解始于听觉感知。信息接收者接收语音符号并进行解码，由此进入理解过程。大部分译员能在短时间内解码别人说出的话语，因为有发达的听觉解码系统。

根据吉尔的口译理解模式 C = KL + ELK + A（理解 = 语言知识 + 言外知识 + 分析），可以得出以下结论：基于认知信息和逻辑分析的信息理解是信息转换中的一种复杂思维解码，也称作是基于知识的推理。这里的信息不仅是包括语言，也包括非语言因素的综合分析，包括对两语言之间一致的信息概念的分析，以避免口译信息差。因此，在此阶段，除了较强听觉感知能力（源语语音的识别能力），还需要建构语义分析系统，培养较强的信息推断的能力，才能形成信息的合理认知。

4.2.2 口译解码过程中的信息反应

根据口译"即席性"的特点，口译活动的反应时间（RT）越短越好。具体而言，RT 指的是从听到源语表达到译语输出的时间。而口译信息的反应时间能极大地影响到整个口译活动的反应时间，其中涉及很多因素，如熟悉度。对口译领域和材料越熟悉，反应的时间就越短。口译信息的反应时间也涉及信息中的选择问题。Gagne 和 Fleishman 对于 RT 与选择性的关系的实验表明：选择项越多，RT 越长——选择或优化与 RT 成正比例关系[1]。也就是说，我们必须在"快"和"准"中找寻平衡点，缩短信息反应时间，在最短时间内完成信息选择，尽快地开始口译。虽然口译信息的 RT 具有个体差异，但是职业训练和良好的口译环境能缩短 RT，因为随着认知经验的积累，能形成自动性加工。在口译中，也称之为"习惯性反应"，这是口译活动中译员较为成熟的一种状态。

4.2.3 口译解码过程中的信息加工

口译解码的认知过程包括感知、理解、表达阶段，信息加工在口译的最后一阶段进行。由于源语和目的语之间的差异、口译的解释作用和目的、口译现场的不可控因素等原因，口译员无法也无需翻译出源语中的每个词语。因此，口译员应该通过增词、删词、替换等策略加工信息，需具备控制、加工、接收信息的能力。

在信息加工阶段，心理状态至关重要，尤其是在预测和推理方面。因此，第一，译员要有获取或过滤信息的信心，将其精力集中在解码上，而不是所听到语篇的形式上。第二，遇到信息误听、漏听或无法理解的困难时，口译人员应运用适当的加工方法将信息含义传达给听众。第三，信息加工应积极。译员应通过积极的预测，把握即将表达内容的大意，从而将精力置于表达中更关键的信息上。只有这样，才能及时解决加工问题。

5. 启示

综上所述，口译解码对于信息的获取极其重要。从上述章节的分析及相关调查可以看出，应在如下几个方面做出努力。

由于对接收信息的熟悉程度会影响解码 RT，听力训练的材料应丰富多样。

---

[1] 刘宓庆. 口笔译理论研究 [M]. 北京：中国对外翻译出版公司，2003.

为了使口译员适应并尽快作出反应和迅速开始解码，听力材料应该包含各种口音，而不只是标准英语。此外，理解的阶段需要一定的训练方法。这是因为，根据自下而上的信息解码模式，如果不熟悉某言语，译员甚至有可能连词汇层面的解码都无法完成，对材料更深层次的理解更是无从谈起。

口译笔记训练法对口译员非常有益。通过以书面形式记录关键信息、逻辑关系以及文章的结构，受训人员可以了解整体结构和思路，使其能够花更多的时间和精力来从容、自信地把握说话人的精神或态度。经过一段时间的笔记培训后，他们会自觉地专注于文本的宏观结构，有效避免"只见树木，不见森林"的问题。应鼓励口译训练者使用符号来快速记录接收到的信息，使其尽量使用符号来代替单词或字符记录口译过程中获得的重要信息。而这种用符号表示类似含义的词或字符的方式本身也是一种快速解码的过程。此类记录可有助于在最短时间内，提取一个句子中的最有效的信息，提高对语言信息解码的能力和速度。

充分利用图式理论，形成积累知识和提取信息的习惯。根据图式理论，要成功获得或提取信息，口译员必须先储备足够的图式。这些图式不仅需要达到一定的存储量，而且需要涉及不同的范畴或领域，以形成横向图式知识网和由相同的材料或主题内容组成的纵向知识网。口译员应注重积累经验和日常生活中的知识，通过不同渠道，运用直接和间接经验，丰富基于知识的图式。

根据图式理论，要成功将材料进行解码，除了庞大的信息网络，激活与其相匹配语料库是必要的。在理解过程中，译员不应该是信息的被动接受者，而应成为信息的积极处理者。因此，译员必须学会利用现有的知识来快速找出与信息内容相关联的图式，预测语料库，提出一系列假设，并激活大脑中的图式，从而为解码过程做好积极准备。

6. 结论

本节讨论、分析了一般情境下以及具体的口译环境下，图式理论解码的意义和过程，重新阐明了图式和解码的概念。同时，将理论与训练策略相结合，置于实践之中。也由此，提出了一系列的建议。由于我国相关研究较少，且缺乏实验的支持，本节中仍有不足，此领域的研究有待深入。

第六章 口译信息存储过程

第一节 共同存储说及双重编码论

双语记忆的存储与表征对于口译研究有着重要意义。本节旨在通过研究双语记忆表征更深入地探讨译员记忆的心理加工机制。作者将以双重编码论作为本研究的理论背景，着重研究双语记忆表征中的共同存储理论。在对两种记忆存储和表征的模型进行比较后，作者认为在口译中共享一个概念表征系统会比分存于两个概念表征系统要更为有效。在分析过程中，作者也发现该理论存在的缺陷，比如说共享的概念表征系统内存在错综复杂的对应关系，以及两个附属词义表征系统之间的不对称等，这些问题都有可能使理论的可信度受到质疑。

1. 引言

随着翻译及口译研究逐步发展与不断深入，学者们提出了更多开创性的理论，刷新了人们对翻译和口译的认识。除了传统的理论研究之外，更多的实证研究也逐渐在学界内盛行。与此同时，学者们开始采取跨学科手法来研究翻译及口译。在口译研究领域，学者们逐步将他们的研究关注点从传统的语言学视角过渡到一种更前沿的学科视角——认知心理学。口译研究学者把认知心理学当作新的研究阵地，对译员如何表达接收的信息表现出浓烈的研究兴趣。显然，译员信息表征背后的机制有着重要的研究意义，其有助于人们理解两种语言在头脑里是如何相互联系和表征的。更重要的是，该研究对于口译实践也是具有重要的指导意义，能在记忆存储和信息加工等方面提供建议，而这恰恰是培训译员的关键一环。

本文旨在研究译员双语记忆表征中的其中一种机制，即双重代码和共同存储，这将有助于揭开译员双语记忆表征之谜。此外，通过对该理论优缺点的分析，本文还试图帮助人们更加全面地了解译员是如何掌握两种语言的，并为未来的口译研究发展提供参考。

2. 文献综述

提到双语记忆表征，首先我们必须对双语者有更深入的了解。美籍波兰裔语言学家尤里埃尔·瓦恩里希（Uriel Weinreich）[①] 认为，双语者可以分为三种类型，分别是并列双语者（coordinate bilinguals）、合成双语者（compound bilinguals）和从属双语者（subordinate bilinguals），而这三种类型的双语者之间的区别就在于他们对双语记忆进行表征的方式。对于并列双语者，他们拥有对应母语（即L1）和第二语言（即L2）独立的两个词汇表征系统和概念表征系统，而合成双语者则只有一个概念表征系统，该系统连接着两种语言各自的词汇表征系统。至于从属双语者，他们同样只有一个概念表征系统，但与合成双语者不同的是，只有L1词汇表征系统与概念表征系统直接联系，L2词汇表征系统只能通过L1词汇表征系统与概念表征系统进行联系。这三种双语者的信息加工方式可分别用三种不同模型来描述，分别是词汇联想模型（word-association model）、概念中介模型（concept-mediation model）和修正层级模型（revised-hierarchical

---

① Weinreich，U. *Languages in Contact*：*Finding and Problems* [M]. New York：Linguistic Circle of New York，1953.

model)，可见下图（Scarborough，et al，1984[①]；Potter，et al，1984[②]；Kroll & Stewart，1994[③]）：

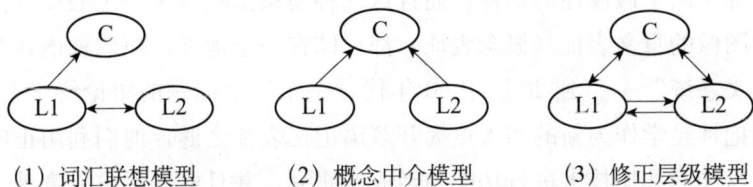

(1) 词汇联想模型　　　(2) 概念中介模型　　　(3) 修正层级模型

在瓦恩里希提出的双语表征分类的基础之上，苏珊·欧文（Susan Ervin）和查尔斯·奥斯古德（Charles Osgood）[④] 进一步将双语者划分为"并列双语者"和"合成双语者"。他们认为，并列双语者将双语记忆分别存储在独立的两个概念表征系统和两个语义表征系统里，而合成双语者则将双语记忆存储在一个共同的概念表征系统和互相独立的 L1 和 L2 语义表征系统里。欧文和奥斯古德主要是从二语习得的角度来剖析双语表征问题，因此他们提出了并列双语者是分别在 L1 和 L2 的语言文化环境中习得双语，因而理应拥有两个互相独立的概念表征系统，而合成双语者却是在 L1 语言文化环境中习得双语，因此只有一个概念表征系统，并由 L1 和 L2 语义表征系统共享[⑤]。受到了欧文和奥斯古德的启发，我国学者鲍刚则将其中一种双语专业人士——口译员分成了两类，分别是并列型译员和合成型译员[⑥]。鲍刚指出，因为二语习得方式和双语记忆储存方面存在差异，两种译员各有优劣，而笔者将在下文对此展开讨论。

实际上，自 20 世纪 60 年代以来，学界就一直在讨论双语记忆是共同存储还

① Scarborough，D. L. et al. Independence of Lexical Aces in Bilingual Word Recognition [J]. *Journal of Verbal Learning and Verbal Behavior*，1984（23）.

② Potter，M. C. et al. Lexical and Conceptual Representation in Beginning and Proficient Bilinguals [J]. *Journal of Verbal Learning and Verbal Behavior*，1984（23）.

③ Kroll，J. F. & Stewart，E. Category Interference in Translation and Picture Naming：Evidence for Asymmetric Connections Between Bilingual Memory Representations [J]. *Journal of Memory and Language*，1994（33）：149 - 174.

④ Ervin，S. M. & Osgood，C. E. Second Language Learning and Bilingualism [J]. *Journal of Personality and Social Psychology*，1954（58）：139 - 145.

⑤ Ervin，S. M. & Osgood，C. E. Second Language Learning and Bilingualism [J]. *Journal of Personality and Social Psychology*，1954（58）：139 - 145.

⑥ 鲍刚. 口译理论概述 [M]. 北京：中国对外翻译出版公司，2011.

是单独存储的问题，至今仍未休止。Anna Hatzidaki 和 Emmanuel Pothos 认为，"每个语言系统中的概念和语言元素在双语者的头脑里究竟是如何表征，上述的三种模型都作出了假设性的解释，而且这三种模型都默认了一个假设性前提：所有词语和图像的意义表征（概念表征）都存储在一个地方，而两种语言会有各自对应的语义系统"①。直到 20 世纪 90 年代，关于这个问题的争论终于有了定论。研究者们把神经学作为新的切入点揭开双语记忆表征之谜，他们利用正电子发射断层扫描仪和磁共振技术进行功能神经成像研究，并且取得了重大突破，证实了此前的假设——只有一个概念表征系统，且概念表征共享②。

　　早在研究者们用科学手段证实这个假设前，美国心理学家佩维奥（Paivio）③就提出了一个叫做"双重编码"的理论，开创了一个更为深入的研究视角。佩维奥（Paivio）最初的理念是"言语信息是在一个语义表征系统内表征，而非言语信息则在存储在一个表象系统内。尽管两个系统互相联系，但却是独立运行的。这种运行机制也意味着两个系统的激活会对记忆产生叠加效应。如果进一步延伸到双语记忆上，双重编码就意味着双语者拥有两个独立的语义表征系统，分别对应其母语与第二语言。④"此后，大批学者都朝着这个方向进行相关研究，并获得了更多可靠的研究成果。

　　尽管国内外的众多学者都已经对双语记忆表征的机制进行了深入研究，但是却鲜少关注该机制会如何影响口译实践，同时也缺乏对共同存储这一理论的潜在不足的探究，普遍来说，学界对共同存储说的研究仍过于宽泛，并且过于乐观。因此，笔者认为在本文对上述问题进行更多讨论相当必要。

---

①　Hatzidaki，A. & Pothos，E. M. Bilingual Language Representation and Cognitive Processes in Translation [J]. *Applied Psycholinguistics*，2008（29）：125 – 150.

②　Kim，K. H. S. et al. Distinct Cortical Areas Associated with Native and Second Languages [J]. *Nature*，1997（388）：171 – 174.

③　Paivio，A. *Mental Representations*：*A Dual Coding Approach* [M]. New York：Oxford University Press，1986.

④　Paivio，A. & Desrochers，A. A Dual Coding Approach to Bilingual Memory [J]. *Canadian Journal of Psychology*，1980（34）：390 – 410.

3. 双重编码　概念表征系统　词汇表征系统

首先，我们必须厘清几个基本概念。作为本文的研究对象，概念表征系统就是指概念所收集和储存的地方，而且需要注意的是，这里所说的概念都是"超概念"，换言之，这些概念并非具象概念，而是基于经验认知的抽象概念。而词汇表征系统就是概念表征系统的附属系统，其主要通过具体的语义表征来表达上述的"超概念"。

双重编码论最初是佩维奥（Paivio）提出的，他认为"词语的认知表征应该是由一个语义代码和一个表象代码共同实现的，而非仅靠一个语义编码就可表达的"[①]，也就是说记忆可以分为表象系统和语义系统两个平行的认知系统，前者用表象代码来储存信息，后者用语义代码来储存信息，而记忆表征是通过这两个独立却相互联系的系统共同完成的。然而，双语者的情况更加复杂，因为一个概念有可能会有多种代码，因此对应的语义表达也不止一种。那就是说，当译员听到某个词语时，他（她）的脑海里会出现一个表象，同时还会有两种语言的语义表征。可以看出，本文中的双重编码理论实际上是对佩维奥提出的理论的补充与延伸。

更为复杂的是，当提及某一概念时，可能会有不止一种的语义表达，这是因为对于不同的概念而言，会存在不同的语义表征对应关系。佩维奥也曾提出过类似的观点：两种语言的语义表征系统之间的功能联系被认为是一一对应的，而在一个语义表征系统内却有可能出现多种的对应关系[②]。在这里，笔者则将对同一概念表征系统内存在的多种对应关系展开讨论，以进一步探讨双重编码理论。笔者认为在同一概念表征系统内大致存在以下的三种对应关系：

（1）一对一。一对一是同一个概念表征系统内最简单的对应关系，L1 语义系统内的某一语义表达在 L2 语义系统有且只有一个对应的语义表达。举个例子，对于"猫"这个概念，中英双语者通常会想到中文和英文中最为常见的表达，即

---

① Paivio，A. *Mental representations*：*A Dual Coding Approach* [M]. New York：Oxford University Press，1986.

② Ibid.

"猫"和"cat"。

（2）一对多。有些时候，L1 语义系统内的某一语义表达在 L2 语义系统内有不止一个对应的语义表达，反之亦然。就是说对于同一个概念表征，其所统领的可能是一个 L1 语义表征和多个 L2 语义表征，也有可能是多个 L1 语义表征和一个 L2 语义表征，往往同一语义表征系统内存在多种表达可理解为一义多词现象。

（3）多对多。在同一概念表征系统内存在交叉对应是很常见的现象，毕竟同一语义系统内的多种近义表达之间并没有严格清晰的区分界限，通常可以互换使用。再者，两个语义系统内各自存在多种近义表达也是不足为奇的，这也导致了同一概念表征系统内存在交叉对应形象。比如说对于"the United States"这一个国家概念，中文中就有多种对应表达，譬如"美国""美利坚""美利坚合众国"等。反之亦然，当说起"美国"时，译员也可以给出不同版本，比如"America""the U. S.""the United States"等。

除了同一概念表征系统内的两个语义表征系统存在着多种对应关系，语义表征和概念表征之间也同样存在着多种对应关系。同样，笔者认为语义表征系统和概念表征系统之间也大致存在着以下的三种对应关系。

（1）一对一。在这种对应关系中，L1 或 L2 语义系统中一种表征有且仅对应一个概念。比如说，提到"非洲"，我们联想到的就是一个地理概念。

（2）一对多。如果我们用"一义多词"来解释两个语义表征系统间的"一对多"对应关系，那么语义表征系统与概念表征系统之间的"一对多"对应关系就可以理解成"一词多义"，这就是说，某种语义表征可能会存在于多个概念表征系统之下的语义表征系统里。以"America"这一英语语义表征为例，其既可指一个国家，又可指一个大洲，显然分属不同的两个概念表征系统。

（3）多对多。这是人类头脑认知体系内最为复杂的对应关系，简单说来，可以理解成上述两种"一对多"关系交叉所得。一个语义表征属于多个概念表征，同时一个概念表征可以有多种语义表征。

4. 双重编码与单独编码的对比分析

4.1 概念表征系统：共享还是分开？

单独编码理论认为双语记忆是分别存储在 L1 概念表征系统和 L2 概念表征

系统中，而双重编码理论则认为有且仅有一个概念表征系统，并推测这样可使译员更有效地处理接收到的信息，并作出反应。根据双重编码理论，在译员接收到信息时，他的脑海里会同时出现 L1 语义表征和 L2 语义表征，这就意味着当译员进行信息解码并确定概念后，该概念之下的双语记忆表征就被激活，L1 语义表征和 L2 语义表征互相捆绑，能够瞬时连接，因此就免去了 L1 和 L2 语义系统之间的转换。见下图：

源信息接收→进入 L1 和 L2 语义表征系统解码→进入共享的概念表征系统再编码→目的语信息表征

然而，根据单独编码模型，当译员接收到信息时，他（她）的脑海里首先会浮现源语言的语义表征，然后他（她）需要将源语言的语义表征转换成目的语的语义表征，然后目的语概念表征系统才被激活，最后完成双语记忆表征。因为 L1 和 L2 的语义表征是分别编码，存储在两个独立的概念表征系统之下，因此 L1 语义表征和 L2 语义表征并不是同一概念表征系统之下互相捆绑的关系，无法实现瞬时连接，只能通过 L1 和 L2 语义系统之间的转换实现连接。见下图：

源信息接收→进入源语言语义表征系统→转换到目的语语义表征系统解码→进入目的语概念表征系统再编码→目的语信息表征

但是上述分析仅仅简单解释了为何部分学者认为"共同存储说"更有力。译员头脑中的信息加工过程和表征机制实际上更为复杂。再者，双语记忆是共同存储抑或单独存储并非译员个人意愿所能左右，而是和译员二语习得的方式息息相关，笔者将在下文继续讨论这一问题。

4.2　并列型译员与合成型译员的对比

并列双语者和合成双语者的二语习得的情境有所不同，所以两者在认知方式上可能存在差异。一般而言，合成双语者是指个体在同一情境下同时习得两种语言，而并列双语者则是指个体在各自情境下接连习得两种语言①。因此，在用双

---

① Lambert，W. E. Psychological Studies of the Interdependencies of the Bilingual's Two Languages [A]. In Puhvel，J. （ed.）.，*Substance and Structure of Language* [C]. Los Angeles：The University of California Press，1969.

重编码理论进行口译研究时，我们还需注意研究对象即译员属于何种双语者。根据上述的双语者分类，学术界内普遍认同译员也对应地分为两种，分别是并列型译员和合成型译员。

佩维奥认为，"L1 和 L2 之间可共享映像，也可单独拥有映像，这取决于两种语言是如何习得的。如果两种语言是在同一情境下习得的，比如说在同一个国家内几乎同一时间内习得的，那么 L1 和 L2 之间的共享映像就更多。相反，如果两种语言是在单独的两种情境下习得的，比如说在不同的年龄段或在不同的国家习得的，那么 L1 和 L2 的所指映像就会存在差异"①。这么说来，合成型译员比并列型译员更有优势，因为他们 L1 和 L2 之间存在更多的共享映像（在这里"共享映像"可以理解为 L1 和 L2 之间的共享概念表征），能够减少认知过程中的差异和分歧。不过笔者在这里对此表示质疑。

并列型译员是在不同的语言文化环境下习得两种语言，能够很好地掌握两种语言。按理来说，并列型译员应该拥有 L1 和 L2 两个概念表征系统。然而科学实验已经证明了双语者头脑中有且仅有一个概念表征系统，所以并列型译员的双语记忆表征机制需要修正。针对并列型译员的双语记忆表征，概念中介模型能够提供合理的解释。在概念中介模型中，两个语义系统与共享的概念表征系统之间的联系强度相当，唯一的不足之处就是两个语义表征系统是相对独立的，导致两者之间的交流效率不高。而对于合成型译员，他们是在同一语言文化环境中习得两种语言，所以双语之间的不平衡关系也就无法避免。环境使然，L1 通常来说会比 L2 要更为强势，而 L1 语义系统与概念系统之间联系要比 L2 语义系统与概念系统之间的联系要强。尽管给予相同的刺激源，L2 表征也会滞后于 L1 表征。

5. 双重编码理论的局限与相关讨论

正如王柳琪和刘绍龙②提到的，双重编码理论过于经济性，仅仅提供了一个双语记忆表征的大体框架，对框架内的细节因素并没有足够重视，对两个单独的

① Paivio, A. *Mental Representations: A Dual Coding Approach* [M]. New York: Oxford University Press, 1986.

② 王柳琪，刘绍龙. 双语词汇记忆表征与翻译词汇转换心理模型 [J]. 外国语，2013 (1): 65-72.

语义表征系统与共享的概念表征系统之间通达强度和激活扩散程度并没有深入分析。同时概念中介模型也认为，双重编码仅仅简单排除了 L1 和 L2 两个语义表征系统之间相连的可能性，但却并没有将两者之间的不对称考虑在内。针对上述提出的这些疑问和理论所存在的局限，笔者会在下文中进一步讨论。

5.1 概念表征系统内的交叉对应关系

这种"一对多"与"多对多"的对应关系使得问题变得复杂化，那么究竟 L1 和 L2 语义表征系统之间的交叉对应联系对于译员来说是利还是弊呢？实际上，会有一个因素很有可能会影响译员的口译效率，那就是译员需要在信息加工和记忆表征的过程中进行选择。

比如说，在听到"the United States"时，译员可以有不同的中文表达，比如说"美国""美利坚""美利坚合众国"等。同样地，在听到"美国"时，译员也有可能会给出诸如"America""the United States""the U. S. ""the U. S. A"等不同的英文表达。有人由此假设，这种交叉对应关系可能会是口译中的一种障碍，因为这种交叉对应会增加译员双语记忆表征的选择时间。但是也有人认为，这种交叉对应关系反而可以提高译员的口译效率，因为其降低了译员出现记忆空白从而在口译过程中停滞的风险。

为了验证这一假设，笔者在 10 个英语专业学生中进行了一个小实验。调查对象都是英语专业二年级研究生，英语能力水平相仿。首先，调查对象都会被要求针对同一个概念给出尽可能多的表达。首先是中译英测试，在听到"美国"的源信息时，这些受访者就给出了下列几种不同的表达，如"America""U. S. ""U. S. A. ""the United States""the United States of America"等，其中"America"作为受访者第一个答案的频率最为频繁。在接下来的英译中测试中，笔者选择了"the United States"作为源信息，来避免"America"这种具有多重概念性质的词汇（注："America"既可指"美国"也可指"美洲"，故具有多重概念），减少实验变量。结果笔者发现，在听到"the United States"时，大部分受访者都会不假思索地给出"美国"这种表达，之后才会给出如"美利坚""美利坚合众国"的表达。即使是在涉及"美国"这一概念的测试例句中（如 The United States declare war on the People's Republic of China 等），"美国"和"America"都是大部分受访者在口译时的首选表达，在某种程度上可以视为其内在固化的认知模式。

　　尽管该测试仍有很大的改进空间，在变量控制和样本采集等方面仍有待完善，但是我们还是能初步得出一个结论：双语者认知存在惯性，这种惯性可使两个词汇表征系统之间"一对多"和"多对多"的对应关系最终会简化成"一对一"的对应关系。一个概念表征之下可能会有多种词汇表征，但是这些词汇表征的使用频率会有所不同。在这里，我们可以将概念表征与最常用的语义表征之间的连接路径视作译员头脑里处理信息的快捷通道。当译员接收到源语信息，他就会将源语信息解码成若干概念，这些概念各自最为常用的语义编码就会进行组合，编码成目的语信息。

　　由于该测试操作过于简单，所以并没有将更多情形考虑在内，因此笔者认为，除了译员本身的认知习惯，还有其他因素需要考量。比如说，在一个概念之下会不会存在次概念，而不同的语义表征则是存储在不同的次概念之下呢？如果这个假设成立，那么不同的刺激源可能会激活概念与语义表征之间不同的连接路径。然而，本测试的受访者都非专业译员，所以他们清楚辨析语境和相应次概念的能力会不如专业译员，因此他们对于某一概念的语义表征往往取决于他们的认知习惯。而对专业译员而言，他们在口译实践上的经验优势会使得他们能够定位不同的语境下的次概念并激活不同的语义表征。不过笔者的这点思考仍然需要更多实验来提供证据支撑，才能展开更深入的讨论，获得结论。

　　上文讨论了两个单独的语义系统间的交叉对应关系，笔者接下来将讨论语义系统与概念系统间的交叉对应关系。比如说，当一个语义编码对应两个概念表征时，译员是怎样快速确定这个语义编码在当前情境下所对应的概念表征的呢？实际上，译员常常遭遇此等困境，这甚至比之前讨论的问题更加重要，因为一旦译员无法确定正确的概念，那么想要用目标语正确地表述源信息的内容根本无从谈起。比如说，当译员接收到"America covers a large area of the world"这一源信息时，他首先需要确定句中"America"所对应的概念，因为"America"既可是国家概念，也可是大洲概念，如果译员无法根据语境判断"America"在此所指代的具体概念，就很可能会在口译中出现误译。在这种情形下，译员的认知经验就发挥着至关重要的作用。对于有经验的译员来说，认知习惯能够帮助他们快速地确定与语义表征相联系的概念表征。再者实际的口译内容会给译员提供更多的线索。我们再回到例子上来，如果在上述源信息后还有"only second to Russia,

Canada，and China"这样的信息作为补充，那么"Russia""Canada"和"China"等与"America"并列的概念表征就可以帮助译员排除"America"的大洲概念——"美洲"，确定在此语境下应选择其国家概念——"美国"。因此，笔者认为源信息可被解码成若干概念单元，其中某些单元可能会对应不止一种概念表征，当译员将这些概念单元组合起来重新编码时，他们就会发现有些概念单元与其他格格不入，可能就是这些单元对应的概念表征并不适用在该语境下，从而排除不匹配的概念表征，确定适用当前语境的概念表征。

5.2　概念表征系统内的不对称

尽管从表面上看，双重编码似乎比独立编码更为高效，但双重编码同样存在其局限之处——L1 和 L2 两个语义表征系统之间不对称。根据上述分析可知，双重编码理论是建立在一个十分重要的前提之上的，那就是同一个概念在 L1 和 L2 两个语义系统中均有对应表征。那么问题来了：假如某概念仅在一个语义系统中存在对应表征，而另一个语义系统中缺失对应表征，那么双重编码理论是否就无法成立呢？我们都知道口译是一种涉及两种不同文化的跨文化交流行为，而两种文化或语言间存在真空是不可避免的。有些概念就是某一文化的专有产物，并没有我们想象中那样普世通用，因此很有可能在另一种文化里面会出现相应概念缺失的情况，这就导致了概念表征系统共用这一前提不成立。一旦概念表征系统无法共享，那么译员就不可能表达出接收信息中的相应概念。

比如说，中国政府在 2015 年推出的"一带一路"倡议是中国文化的特有概念，因此并不存在于外国文化的认知框架内。因此，在口译实践中，当中国译员听到"一带一路"时，他（她）能够在该概念下的 L1 语义系统内迅速解码，得出表征，然而却无法在 L2 语义系统中找到对应的表征。因为"一带一路"这个概念最初出现在中文语境下，所以译员将该概念存储到概念表征系统中时也就只有中文语义表征一种，而其他语种的语义表征则不存在。在这种情况下，概念中介模型就无法发挥其作用，因为概念表征系统与 L2 语义表征系统之间并不存在联系，此时译员必须要依靠修正层级模型来弥补这一空白，建立起概念表征系统与 L2 语义表征系统之间的联系。然而，需要注意的是，在联系紧密度和通达强度两方面来看，这种后建的联系可能会比概念表征系统与 L1 语义表征系统之间的联系要弱，毕竟联系建立的时间长短会有所影响。这样一来，L1 和 L2 的语义表征很有可能无法同时激活，两者之间会存在细微的时间间隙，在某种程度上会影响口译效率。尽管如此，我们还是可以乐观地看待这个问题，因为译员可以通过提高熟悉程度来增强 L2 语义表征系统与概念表征系统之间的联系。只要提高 L2 语义表征的激活频率，在记忆加工的过程中将其与 L1 语义表征进行捆绑处理，那么译员对 L2 语义表征的印象也会逐渐加深，当同一概念出现时，L1 和 L2 语义表征也能尽可能地被同时激活，缩短两者之间的时间间隙，提高口译效率。

6. 结语

本节旨在更深入地探讨译员双语记忆表征的运行机制。笔者把佩维奥的双重编码理论用作本研究的理论基础，并在研究中得出了一些与"共同存储说"相关的发现。学界此前的相关研究主要是围绕"是否只存在一个概念表征系统"这一争论所展开的，而在本研究中，笔者则更多关注于双重编码在双语记忆表征中的优缺点，因此上述关于"只存在一个概念表征系统"的假设也在本研究里看作是成立，并作为本文讨论的研究前提。

毫无疑问，在口译中双重编码比独立编码相对更为有效。如果要同时激活 L1 和 L2 两个语义表征系统，那么 L1 和 L2 的两种语义表达必须要紧密相连，换言之，就是这两个语义表征系统应该同属于一个概念表征系统。而且语义表征和概念表征之间复杂的对应关系也值得注意，尤其是"一对多"和"多对多"的对应关系。在本文研究中，笔者并没有从宏观视角进行探究，相反是从微观因素着手分析。

本节提到的部分假设看似合理，但仍有待证明，比如说：1）在口译实践中，"一对多"和"多对多"的对应关系最后能简化成"一对一"的对应关系；2）在同一个概念下仍包含了不同的次概念，而不同概念表征属于不同的次概念并能够相应被激活；3）当某一语义表征对应多个概念表征时，同一语境下已确定的概念能帮助译员在该语义对应的多重表征中找到合适的概念表征。针对这些假设，我们需要进行更多的实验，收集更多有力证据来支撑其成立。

最后，笔者要给译员提出两个提高口译实践的建议。首先，译员应该要掌握两种思维能力。作为双语者，译员需要懂得如何同时用母语和第二语言进行思考。目前，许多译员依然是并列双语者，在即时双语记忆表征上仍有待加强，尽管他们在分别使用两种语言时都很顺畅，但在同时使用两种语言时仍会出现无法两者兼顾的窘境。其次，译员应该尽可能地开阔视野，扩充其概念表征系统的容量。正如我们所见，尽管概念中介模型在专业口译中发挥着主要作用，但依然存在不足的地方，所以修正层级模型在此就可以作为补充，进一步完善概念表征系统，帮助译员提高记忆表征的能力。

第二节 口译信息存储转换单独存储说

译员在口译信息传递与转换时，译员被视为双语者。口译信息在其头脑中的源语和目的语可以以两种方式存储：一种是单独存储，一种是共同存储。本节详细介绍了译员思维模式单独存储的定义。通过总结相关理论，介绍单词联想模型和概念中介模型、修正后的分层表征模型，本节分析了单词及其词义间的关系如何随着第二语言的逐渐熟悉而逐步发展。进而探究单独存储对口译的影响，从而为译员传递信息提供新的想法。

做一名优秀口译员，人们常常关心的是言语信息的输入和输出。但是如何在大脑中储存目标语言，且最小程度地受到母语的不利影响很重要。言语信息输入的直接目的是储存，最终目的是输出。因此，语言信息的存储对完整标准的口译来说特别关键。言语信息的储存影响输出，更有效的信息存储方式能促进信息的转换和表达。

1. 共同存储 & 单独存储及其理论发展

1.1 共同存储 & 单独存储

起初，人们对于双语信息存储模式各有说法。1965 年，根据 Kolers[1] 的研

---

[1] Kolers. P. A. Bilingualism and Bicodalism [J]. *Language and Speech*，1965 (8)：122 - 126.

究，一个双语者在大脑中有两种相反的语义存储模式，分别为存储第二语言和本族语。一个为共同存储，另一个为单独存储。

共同存储假设认为两种语言各有其系统，可以各自进行信息的分析、编码和输出，但两个系统彼此联系，两种语言系统间存在着转译。来自不同语言的被加工过了的信息通过信道被单独输出，但是两种语言的信息有相同的表征，被共同储存在同一语义记忆系统中。（见图 6.1）

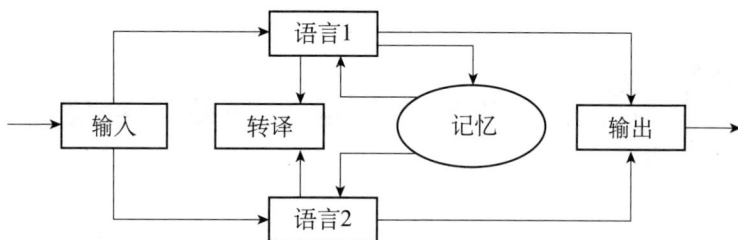

图 6.1　共同存储的语义记忆系统

单独存储假设和共同存储假设相反。两种语言有各自的系统进行信息加工和存储，有各自的语言表征和存储，即存在两个不同的语义记忆系统。而两个语义记忆系统的联系通过转译来实现。（见图 6.2）

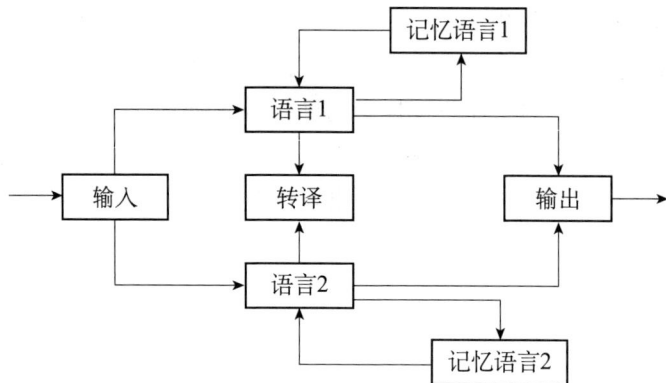

图 6.2　单独存储的语义记忆系统

1.2　理论发展

尽管两种储存假设各有其实验支持，也各有其不尽如意的地方。以斯特鲁普效应（Stroop Effect）为例，以蓝色笔写"红"字，我们要说出"蓝"字时，大脑的反应受到"红"字的语义的影响。或者说，我们说出"蓝"字时，大脑反应的时间要多于说出用蓝色笔写出"蓝"字的时间。Haberlandt[1] 在其《认知心理学》中证实，斯特鲁普效应对于双语者用本族语说出用第二语言写出的颜色词所用的反应时间，与双语者用本族语说出用本族语写出的颜色词所用的反应时间等同。这表明语言信息是共同储存的。但是，在这以前 Lambert 和 Preston[2] 比较了不同语言间的这种干扰性的影响和相同语言信息之间的干扰性的影响，却证明了两种语言的表征是单独储存的[3]。

在分析比较了 Lambert 和 Preston 等人的实验结果后，人们发现每种假设都有特别的实验结果支持，例如，一些词汇判断的实验要求被试者判断一串字母是否是词。这类任务依靠词汇分析（被试者要有构词知识），因而实验结果倾向于单独储存假设。但是范畴匹配实验需要被试判断词汇是否属于一个范畴。这种试验的重点是语义加工而不考虑语言的特性，结果倾向于共同储存假设。这些证明语言信息储存方式与目前的任务密切相关。

因此，如果我们合并这两种假设，就能在一定程度上解释言语表达效果和语言储存的关系。（见图 6.3）

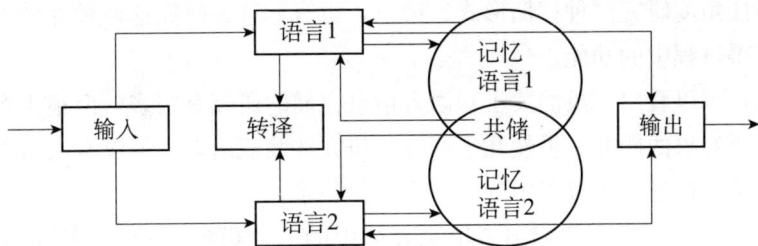

图 6.3 共储单储合并图

正如图 3 所示，语言表达的效果与语义记忆系统息息相关。并且我们知道译员最重要的品质之一就是语言表达能力。因此，本文将探寻对于双语语义系统译

① Haberlandt，K. *Cognitive Psychology* [M]. New York：New York Academic Press，1990.
② Lambert. W. E. & Preston. M. S. The Interdependence of the Bilingual's Two Laguages [A]. In Salzinger，K. (ed.).，*Research in Verbal Behavior and Some Neurophysiological Implications* [C]. New York：Academic Press，1967 (1)：115–119.
③ 王甦，王安圣. 认知心理学 [M]. 北京：北京大学出版社，1992：361–366.

员来说，单独存储在信息加工处理过程中的重要性。

2. 有关双语者信息存储的相关研究

20 世纪 60 年代，关于双语者心理表征的研究开始集中在理论假设阶段，尤其是关于"共同存储"和"单独存储"的争议。起初，支持"共同存储"的学者有 Schwanenflugel 和 Rey[①]，Frenck 和 Pynte 等等。他们的研究认为语义是抽象的、超语言的，它可以为双语者两种不同的语言形式所理解。之后，Paivio、Desrochers 和 De Groot[②] 以及 NAS 等主张双语者的语义表达形式是不同的。而这种形式受到语言特征的相似性和语义的抽象程度的影响。

至于有关"单独存储"的理论研究，有的人认为语言的形式和语义属于一个不可分割的统一体；有些人认为语义从形式中分离，两种语言由形式连接，比如 De Groot 和 NAS 的研究。

近年来，关于双语者信息存储形式的研究越来越多。一般来说，这些研究主要可分为三类。首先，大多数研究讨论共同存储和单独存储的定义和区别，比如鲁进的双语存储和输出[③]。其次，从认知心理学的角度来看，许多学者从双语者的心理表征角度研究两种存储形式。第三，也有一些人研究这两种存储形式在第二语言习得过程中的功能。

因此，可以看出，虽然关于双语者信息存储的研究有很多，但很少有以单独存储为主要对象的研究。虽然几乎所有的研究涉及双语者，但没有人将单独存储理论与译员在信息处理过程中的心理表征相联系。

因此，本文通过介绍双语者记忆表征中的三种模型——单词联想模型、概念中介模型和修正后的分层表征模型，来分析伴随第二语言的逐渐熟悉，单词及其词义间的联系关系如何发展。然后根据这一理论，本文进一步探讨单独存

---

① Schwanenflugel, P. J. & Rey, M. Interlingual Semantic Facilitation: Evidence for A Common Representational System in the Bilingual [J]. *Journal of Memory and Language*, 1986 (25): 605 - 618.

② De Groot, A. M. B. Bilingual Lexical Representation: A Closer Look at Conceptual Representations [A]. In Frost, R. & Katz, L (eds.)., *Orthography*, *Phonology*, *Morphology*, *and Meaning* [C]. Amsterdam: Elsevier, 1992: 389 - 412.

③ 鲁进，徐永. 双语的储存与输出 [J]. 湖北经济学院学报, 2010 (1): 124 - 125.

储在译员心理表征中的意义，并根据该理论的发展研究这两种形式存储的
结合。

3. 三个有关词汇和概念的模型

3.1　单词联想模型和概念中介模型

首先，为了更好地了解单独存储在译员信息处理和传输过程中的意义，分析
了解随着第二语言逐渐熟练，译员如何连接单词及其含义，显得很重要。因此，
在此介绍单词联想模型和概念中介模型。

Koler 提出共同存储和单独存储理论之后，随着关于这两种存储模式的研究
逐渐深入，几乎所有的学者都认同虽然两种语言表达的概念是共享的，但两种语
言信息的词汇表达是独立分开的。后来，在一个经典研究中，波特（Potter）等
人[①]以经验观察为手段，提出并分析了双语者的记忆表征——单词联想模型和概
念中介模型。

根据单词联想模型（参见图 6.4a），语言 1 的一个词直接关联到其第二语言
的对应词。要想知道 L2 一词的概念，必须先通过了解其对应的 L1 对应词。对
比来看，概念中介模型（参见图 6.4b）假设每种语言的词汇直接关联概念，但
翻译的对应词不直接彼此连接。在两个模型中的概念被进一步认为图片必须与相
同的概念直接相关。

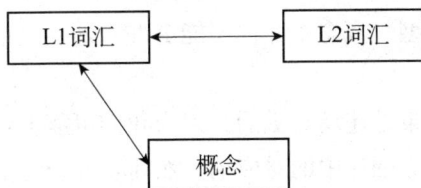

图 6.4a　单词联想模型（Potter et al. , 1984）

---

① Potter，M. C. ，So，K. F. ，Von Eckardt，B. &. Feldman，L. B. Lexical and Conceptual Represen-
tation in Beginning and More Proficient Bilinguals [J]. *Journal of Verbal Learning and Verbal
Behavior*，1984（23）：23 - 38.

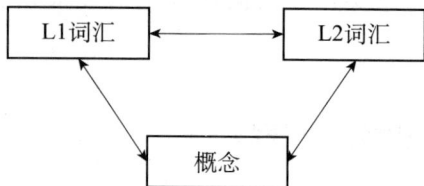

图 6.4b　概念中介模型（Potter et al.，1984）

　　为了测试这些模型，波特等人（1984）将双语者从 L1 翻译成 L2 的耗时与直接以 L2 命名图片的耗时进行了对比。波特等人假设图片命名总需要概念处理。如果从 L1 翻译到 L2 类似图片的命名，那么可以得出结论，翻译也是从概念介导的。有趣的是这两个模型对于用 L2 命名图像和从 L1 翻译到 L2 之间的关系做出了不同的预测。单词联想模型认为 L2 图片命名应该比翻译花费更多的时间，因为有两个额外的步骤是必要的（概念检索和 L1 词汇检索）。波特等人推断出这两个额外的步骤也是导致以 L1 命名图片和文字时存在时差的原因。因此，在单词联想模型下，他们估计图像命名和翻译的时间差维度估计在 200～300 毫秒范围。与此相反，概念中介模型预测两个任务会花费大致相同的时间，因为它们包含了类似的进程。

　　第一个实验，以高度熟练中英双语的双语者为实验对象，结果显示，用 L2 图片命名耗时几乎与 L1 到 L2 的翻译耗时差不多，因此赞成概念中介模型。令人惊奇的结果是，在第二个实验中，一组不太精通英法双语的双语者做同样的实验，结果表明他们也能通过概念中介理解第二语言。波特等人（1984）的结论是：相比于单词联想模型，概念中介模型能更准确地表现语言精通和语言生涩双语者的记忆表征。

　　波特等人的研究结果是违反直觉的，因为我们可能会认为不太精通的双语者会比精通的双语者更依靠翻译中的对应词。然而，此设计的两个方面可能无意影响了结论。首先，试验中为不太精通英语—法语的参与者准备的词汇都是些第二语言新手熟识的，而那些参与者不熟识的词汇已经从分析中删除了。正如我们将在后面讨论的，这种选择标准可能会偏向于概念中介模式的结果。

　　波特等人研究的第二个重要方面涉及语言生涩的双语者。在这项研究中，他们是一组正积极准备去法国参加留学项目的学生。虽然数据对比清楚地表明，这一组比中英双语者对双语不熟练得多（例如，他们更慢，更容易出错），但是他们很可能在词汇学习后的初始阶段，就是以依靠双语词与其相对的联系为标志的。

3.2 修正后的分层表征模型

为了确定单词联想模型是否表征第二语言学习者获取知识的最初阶段，Kroll 和 Curley[1]，Chen 和 Leung[2] 采用了类似于波特等人所使用的方法。但不同的是，相比于与波特等人的语言水平较低的一组，他们采用了对第二语言更加不精通的作为参与者。这些研究表明，对于学习初期的学习者，从 L1 翻译为 L2 确实比 L2 图片命名更加迅速，这便证实了单词联想模型的预测。另外，以语言更精通的双语者为对象时，这两项研究也得到了和波特等人一样的结果。因此，这些数据表明，从依赖 L1 与 L2 间的翻译当量这一学习阶段，到直接以概念为中介的阶段，这其中很可能存在一种过渡。

为了解释这一发展顺序，Kroll 和 Stewart[3] 提出了修正后的分层表征模型。该模型（见图 6.5）将单词联想模型和概念中介模型中的联系有机结合在一起。与之前的模型不同，修正后的分层表征模型对于双语者记忆中的词汇和概念连接的强度做出了两个关键假设。第一个，假定 L1 文字比 L2 文字与概念联系得更加紧密。第二个，假定 L2 文字与其 L1 中相应的翻译当量连接得更为紧密，而不是相反。由此产生的不对称反映出了那些充分掌握 L1 词汇及其相关概念的二语习得者的成果。与其他有关 L2 到 L1 信息转化的观点一样（例如，MacWhinney，1997[4]），修正后的分层表征模型提出，在二语习得的早期阶段，学习者利用 L1 中现存的词语和概念间的连接来探寻 L2 新词的意义。因此，L2 到 L1 间很强的

---

① Kroll, J. F. & Curley, J. Lexical Memory in Novice Bilinguals: The Role of Concepts in Retrieving Second Language Words [A]. In Gruneberg, M., Morris, P. & Sykes, R. (eds.), *Practical Aspects of Memory* [C]. London: John Wiley & Sons, 1988: 389 – 395.

② Chen, H-C. & Leung, Y-S. Patterns of Lexical Processing in A Nonnative Language [J]. *Journal of Experimental Psychology: Learning, Memory, and Cognition*, 1989 (15): 316 – 325.

③ Kroll, J. F. & Stewart, E. Category Interference in Translation and Picturenaming: Evidence for Asymmetric Connections between Bilingual Memory Representations [J]. *Journal of Memory and Language*, 1994 (33): 149 – 174.

④ MacWhinney, B. Second Language Acquisition and the Competition Model [A]. In De Groot, A. M. B. & Kroll, J. F. (eds.), *Tutorials in bilingualism: Psycholinguistic Perspectives* [C] Mahwah, NJ: Lawrence Erlbaum Publishers, 1997: 113 – 142.

词汇连接将在学习期间建立。随着时间的推移，可能会存在一种反馈，反馈在这个水平上建立 L1 至 L2 间的连接，但因为学习者不需要以相同的方式来使用 L2，这些连接会比 L2 至 L1 间的更弱。随着学习者 L2 变得更加精通，他们将开始开发直接从概念上加工 L2 词语的能力，但对于双语均很精通的双语者来说，L1 的词语和概念之间的联系还是要比 L2 的要强。

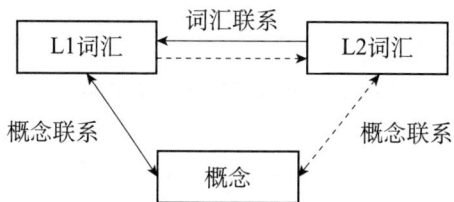

图 6.5 修正后的分层表征模型（Kroll & Stewart，1994）

修正后的分层表征模型内表示的不对称的一个后果是翻译表现中可预测的不对称，这使得从 L1 到 L2 的正向翻译以概念为中介，而从 L2 至 L1 的反向翻译可以直接通过 L2 词语与其等值翻译间的词汇连接进行。因此，正向翻译会比反向翻译耗时更长，并且正向翻译更可能接合语义。随着 L2 水平的提高，从 L2 文字到概念的连接将逐渐加强，从而导致翻译不对称的幅度降低和反向翻译也可以概念为中介的程度相应增加。

为了测试"只有正向翻译包含概念中介"这一假设，Kroll 和 Stewart[1] 邀请相对精通荷兰语—英语的双语者，从 L1 到 L2、从 L2 到 L1 双向翻译。他们操纵翻译列表的语义语境。一个列表语义混合，而另一个语义归类完好（例如，所有的水果，所有的动物等）。只有从 L1 到 L2 的翻译受到翻译过程中的语义语境影响。在从 L1 到 L2 的翻译中，语义归类明确列表内的词语翻译起来要比语义混合列表内的要慢；从 L2 到 L1 的翻译收到该操作的影响。这些发现为"只有 L1 到 L2 的翻译必然涉及概念中介"这一说法提供了初步支持。

---

[1] Kroll，J. F. & Stewart，E. Category Interference in Translation and Picturenaming：Evidence for Asymmetric Connections between Bilingual Memory Representations [J]. *Journal of Memory and Language*，1994（33）：149-174.

　　许多研究探讨了修正后的分层表征模型的发展预测。Talamas、Kroll 和 Dufour[①] 邀请到或多或少的双语熟练者来执行一项翻译识别任务[②]，在此任务中，研究人员向双语者展示一对词语，并让双语者说明这两个单词是否是彼此的翻译。关键是那些彼此相关的不可译薄片，这些薄片或形式相关（如 man-hambre［hunger］而不是 man-hombre［man］）于正确翻译，或意义相关（如 man-mujer［woman］而不是 man-hombre［man］）于正确的翻译。结果表明，双语不熟练者受到的形式干扰比受到的意义干扰更大，而相反结论对于双语熟练者同样成立。因此这些结果与随着 L2 逐渐熟练，从形式到内涵发展的转变相一致。

　　也有许多研究的结果与修正后的分层模型所预测的结果相反。其中一个研究，De Groot 和 Poot[③] 在一项翻译产出任务中，测试了三种熟练水平（低，中，高）学习者。所译词的具体性或象征性被操纵，使得一些词语是具体的（即，代表名可察觉的实体，如桌子），而另一些词语是抽象的（即，代表感觉不到的实体；例如，美）。因为这两种词类之间的假设区分在于意义，在翻译时的任何差异都被带入指示概念性中介翻译。De Groot 和 Poot 发现有在所有的三个水平群组的双语者中都存在一种具体抽象差，因此，结论是翻译总是概念性介导的，并且双语者不需要依靠 L1 去探求词语的意义。此外，结果表明，在两个方向的翻译以类似的程度受到具体性的影响，因此，他们的结论是翻译的两个方向上在概念上中介，与修正后的分层模型预测不一致。对不同的熟练程度学习者的表现进行的直接比较表明这结果是很重要的。

　　但是，由于这项研究的结果与许多语言生产研究相冲突，我们必须认真解释。尤其是最近的研究发现，具体词语比抽象词语的翻译更少（Schönpflug，1997[④]；

---

① Talamas，A.，Kroll，J. F.，& Dufour，R. Form Related Errors in Second Language Learning：A Preliminary Stage in the Acquisition of L2 Vocabulary [J]. *Bilingualism：Language and Cognition*，1999（2）：45 - 58.

② De Groot，A. M. B. Determinants of Word Translation [J]. *Journal of Experimental Psychology：Learning，Memory，and Cognition*，1992（18）：1001 - 1018.

③ De Groot，A. M. B. & Poot，R. Word Translation at Three Levels of Proficiency in A Second Language：The Ubiquitous Involvement of Conceptual Memory [J]. *Language Learning*，1997（47）：215 - 264.

④ Schönpflug，U. Bilingualism & Memory. Paper presented at the first International Symposium on Bilingualism，Newcastle-upon-Tyne，UK，1997，April.

Tokowicz & Kroll，2003①；Tokowicz et al.，2002②）。此外，Tokowicz 和 Kroll③ 报道，一个替代翻译的存在相当程度上减慢了翻译速度。因此，具体性对翻译的影响可能来自多个来源，必须谨慎解释。

4. 单独存储对于译员的意义

基于前文提到的理论和各种模型，是时候总结出单独存储对于译者信息加工的重要性了。总体上来讲，单独存储在扩充双语知识、提高双语间转换速度和保持目标语言本身特质等方面具有重要作用。具体来讲，主要有以下两个方面：

4.1 转化成共同存储

在图 3 中，共储部分中来自两种语言的相关信息表征，因为有着一一对应的关系，被共同储存在一起。Cummins④ 相信语言的特性在认知系统中不是分开储存的，两种语言可以轻易地进行转换并且交互使用，所以他提出双语共同底层水平模式假设（Common Underlying Proficiency Model of Bilingualism），并且以冰山理论说明：虽然水面上两座冰山是分离的，而在水下实际上是相连的。所以外部会话尽管是不同的两种语言，但是两种语言在大脑中的加工来源是一样的。例如，一对英汉同义词"公共汽车"和"bus"，以及"聚会"和"party"等有相同的概念基础和相同的语义命题表征，都属于常用词，有着相同的权重，它们存储在双语部分，即共储部分，甚至不需转译。所以我们有时会听到这样的话："明天我们有个 party，我想乘 bus 去。"

① Tokowicz，N. & Kroll，J. F. *Accessing meaning for words in two languages：The effects of lexical and semantic ambiguity in bilingual production.* Unpublished manuscript，The Pennsylvania State University，University Park，PA，2003.
② Tokowicz，N.，Kroll，J. F.，De Groot，A. M. B. & Van Hell，J. G. Number of Translation Norms for Dutch-English Translation Pairs：A New Tool for Examining Language Production [J]. *Behavior Research Methods，Instruments，and Computers，2002* (34)：435-451.
③ Ibid 2.
④ Cummins J. The Construct of Language Proficiency in Bilingual Education [A]. In Alatis，J. E. (ed.).，*Geogetown University Roundtable on Languages and Linguistics* [C]. Washington：Georgetown University Press，1980：81-103.

另外，有些成语如"一石双鸟""体壮如牛"等成语在英语语言中有相同的说法："Hit two birds with one stone"和"as strong as a horse"。对于初学者，汉语成语本来储存在语言1的记忆系统中，而对应的英语成语一开始是储存在语言2的记忆系统中的。随着外语学习的深入，学生对于两种语言彼此对应的表征越来越熟悉，这些表征就会越来越多地共同储存在双语部分，两种语言对应部分彼此之间几乎不需要转译，一旦他们想要用英语表达"一石双鸟""体壮如牛"，他们就会自然地说出"Hit two birds with one stone"和"as strong as a horse"。

所以，图3中共储部分是动态的，其增大还是缩小取决于语言学习。共储部分越大，两种语言的转换就越方便，甚至不用转译。而语言2储存部分的大小只表示对语言2的知识储备的多少。只有当两种语言的单独存储都足够充分时，共同存储才能扩大，进而提升信息的加工速度。

4.2 保持目的语言的独立性

假如两种语言属于同一语系，或者有很深的历史渊源，语言学习者记忆系统中共储部分就越大，目的语的学习就越容易。然而，任何两种语言之间不论在思维方式还是语法规则等方面都存在着差异。这些差异应该是各自单独储存的。但我们在学习口译或笔译两种语言的词汇时，希望两种语言单独存储得少，而共同存储的多。但是，在语言学习过程中的某些时候，说话者需要保持目标语言的独立性与特有特点，比如当说话者想地道地说出目的语时。这时，单独存储便发挥了它的作用，并且确保目的语受到的影响越少越好。

另外，对于抽象词汇和句子，单独存储也是十分实用。这种情况下，从单独存储中抽取信息远比从共同存储中抽取更加容易。

5. 结论

本节清晰地描述了双语者信息处理和加工过程中的状态。通过罗列和分析单词联想模型和概念中介模型，以及修改后的分层模型，本节完整地分析了词汇和概念，这些对于理解单独存储的意义至关重要。进而，引用充分理据论证出单独存储适合两种语言不同信息的存储。尽管比共同存储简单，但是单独存储在译员信息加工过程中仍然发挥着关键作用。恰当应用单独存储，会对译员在加速信息转化和保持目标语言独立性上做出巨大贡献。

第七章　口译信息表达过程

第一节　衔接与连贯理论

　　衔接与连贯在语篇分析领域是两个最基本的概念，两者在构成语篇时关系非常紧密。"衔接体现在语篇的表层结构上，是语篇的有形网络；连贯存在于语篇的底层，是语篇的无形网络。"[①] 在口译中，译员也会面临很多语篇衔接和连贯手段的转换问题，而译员能否掌握恰当的衔接和连贯技巧，从而实现语义表达的连贯与完整，是衡量口译质量的重要标准之一。本节将首先介绍衔接与连贯理论的主要概念，然后总结回顾国内外学者在衔接与连贯方面做的理论研究，并通过部分实例分析衔接与连贯理论在口译过程中的具体应用。通过上述描述与分析，希望能为未来相关领域的研究发展和口译质量的改进提供参考。

---

① 方梦之．翻译新论与实践［M］．青岛：青岛出版社，2002．

1. 引言

在学术界，Halliday 和 Hasan①在 1976 年出版的《英语的衔接》（*Cohesion in English*）一书中提出的衔接理论一般认为是衔接理论创立的标志，通常被称为"衔接加语域一致性"理论。国外对语篇连贯的研究最早可追溯到 20 世纪 50 年代 Harris（1952②）、Pike（1954③）等人基于结构主义的视角对话语分析和语篇衔接的研究，他们采用了"分布分析法"来研究语篇。Halliday 和 Hasan 则认为，作为有助于句子形成篇章的语言手段，衔接往往"出现在文章中某一成分需要其它成分的帮助才能解释清楚的时候"。20 世纪 60 年代起，学者开始进行对连贯的研究。德国语言学家 Harweg（1968④）详细分析了形成衔接与连贯关系的各种语言手段。Beaugrandeh 和 Dressler（1981⑤）认为衔接是构成语篇的必备条件之一，连贯是"文章整体上的合理、通顺"，衔接手段所取得的效果就是语篇的连贯。

语言学的发展和跨学科研究的兴起使得衔接与连贯的研究成果进一步丰富发展。国内外学者在该领域的理论成果被广泛应用于英语专业学生写作、英语读写课程教学、大学生英语阅读当中，而对口译中衔接与连贯的应用研究却鲜有涉及。在口译中，译员首先要理解源语语义，与源语积极互动，在将源语转化成译入语时则需运用衔接与连贯的语言手段和技巧将源语信息准确流畅地传达给听众。因此，在口译中源语理解、记忆分析和译入语表达的各个环节，衔接与连贯理论都起着重要作用。

本节旨在通过介绍和回顾衔接与连贯理论的相关研究，分析各研究成果的关系，并指出其对口译的指导意义。同时，本文也希望通过具体案例研究分析译员在语义衔接和连贯方面可能存在的问题，提出改进建议，以期改善译员技能，提

① Halliday，M. A. K. & Hasan，R. *Cohesion in English* ［M］. London：Longman，1976.

② Harris，Z. Discourse Analysis ［J］. *Language*，1952（28）.

③ Pike，K. *Language in Relation to a Unified Theory of the Structure of Human Behavior* ［M］. The Hague，1954.

④ Harweg，R. *Pronomina and Textkonstitution* ［M］. Munich：Fink，1968.

⑤ Beaugrande R. de & Dressler，W. U. *Introduction to Text Linguistics* ［M］. London：Longman，1981.

高口译产出质量。

2. 衔接与连贯理论

2.1 衔接理论

衔接（cohesion）或称词语连接，是指一段话中各部分在语法或词汇方面有联系或两方面都有联系。这种联系可能存在于不同的句子之间，也可能存在于一个句子的几个部分之间。衔接是语段、篇章的重要特征之一。衔接理论研究的起源可以追溯到 Jakobson（1960①）对文学语篇中句法结构和排比用法的分析。他首次将语篇衔接的概念引入。此后，不同学者从各自不同的视角对衔接问题进行了深入的研究和分析，并发展出不同的衔接理论。Halliday 和 Hasan（1976）提出的"衔接加语域一致性"理论是其中最有代表性，且影响最为深远的。

Van Dijk（1977②）在分析语篇时从语义和语篇层次的视角指出，衔接是连贯的一种具体类型。他把表层结构的衔接看作是语义连贯的表达系统。Widdowson（1978③）把衔接看作由句子表层结构所表达出来的命题间的显性关系。

Halliday 和 Hasan 在《英语中的衔接》一书中介绍了衔接理论。他们认为衔接是一种语义概念，并定义其为"存在于语篇内部的，能使全文成为语篇的各种意义关系，当话语中某一成分的解释取决于另一个成分的解释时，便会出现衔接"④。他们多次提到，衔接是语义上的联系，指的是语篇中的不同成分在意义上有所关联这一现象。有了衔接不一定会产生语篇，但是如果没有衔接则一定不会产生语篇。在此基础上，他们将衔接分为五大类：照应（reference）、替代（substitution）、省略（ellipsis）、连接（conjunction）和词汇衔接（lexical cohesion）。此外，衔接构成了语篇内部，外部则表现为语域一致性，两者缺一不可。衔接理论自提出以来就受到该领域学者的广泛引用和探讨。当然，其中也不乏对该理论

---

① Jakobson，R. "Closing Statement：Linguistics and Poetics"，in Sebeok. T. A.（ed.）*Style in Language*. Mass.：MIT Press，1960.

② Van Dijk，T. A. *Text and Content*：*Explorations in the Semantics and Pragmatics of Discourse* [M]. London：Longman，1977.

③ Widdowson，H. G. *Teaching Language as Communication* [M]. Oxford：OUP，1978.

④ Halliday，M. A. K. & Hasan，R. *Cohesion in English* [M]. London：Longman，1976.

的批评声音。Brown 和 Yule 就曾指出，存在这样的情况：在未使用以上五类衔接手段的时候，句子依然能够顺利形成语篇，而且表层结构的衔接也并不一定能保证语篇的顺畅①。尽管如此，该理论仍是现代语篇分析研究中最重要的理论之一。

2.2　连贯理论

连贯在修辞学中往往被定义为"指一个有效的语篇，其中各个部分必须紧密相连"（Brooks & Warren，1972②）。如果说衔接是通过词汇或语法手段，使语篇获得形式上的联系，那么连贯就指信息接收者根据语境信息和背景知识，通过逻辑推理来掌握信息发出者的交际意图。语言学家们从不同角度出发，对语篇的连贯标准、产生机制和应用进行了大量探讨，并发展出不同的连贯理论。这些理论大致可分为两类：第一类以系统功能语法为基础，包括 Dane 的主位推进程序理论、Van Dijk 的宏观结构理论、Widdowson 的言外行为外理论、Mann & Thompson 的修辞结构理论等；第二类则基于认知语言学视角，如 Lakoff & Johnson 的概念隐喻和理想认知模型（ICM）理论、Sperber & Wilson 的关联理论等。下文分别对上述理论进行阐述。

Dane（1974③）的主位推进程序理论用连接性来讨论"连贯"这一概念。在他看来，主位在语篇组织中起着非常关键的积极作用。他认为相似语言单位之间的连接体现出主位推进程序，而主位推进程序的连续性则进一步表现出了语篇的连贯程度。他认为如果最表层的相似语言单位之间的连接出现空缺，就会导致主位推进程序的不连续，进而造成语篇的连贯缺失。

Van Dijk（1997④）的宏观结构理论明确界定了连贯这一概念。他把连贯看作一个语义概念，认为连贯不仅是线性的、顺序性的，也是层级性的，连贯由"线性或序列性的局部连贯"（即"微观结构"）和"整体性的语义结构"（即"宏

① Brown，G & Yule，G. *Discourse Analysis* [M]. Cambridge：Cambridge University Press，1983.
② Brooks & Warren. *Modern Rhetoric* [M]. New York：Harcourt Brace Jovanovich. Inc. 1972.
③ Dane，F. Functional Sentence Perspective and the Organization of the Text [A]. In Dane，F.（ed.）. *Papers on Functional Sentence Perspective* [C]. The Hague：Mouton，1974.
④ Van Dijk，T. A（ed.）Discourse in Social Interaction [A]. *Discourse Studies：A Multidisciplinary Introduction* [C]. London：Sage，1997.

观结构")两个层次构成；前者指内容的顺序性和句间信息结构，而后者指统摄整个语篇的总主题所代表的语义结构。宏观结构决定了语篇整体的连贯性，而其本身又依靠微观局部的连贯来体现。宏观结构理论从宏观和微观两个层面分析语篇连贯的结构特征，为语篇连贯研究的进一步开展奠定了基础。但应该看到，该理论的分析角度是语义和语篇层次，基本局限在语言内部框架，而没有考虑非语言因素的作用。

Widdowson（1978①）的言外行为理论认为，连贯是由句子或句子表达的命题施行的言外行为之间的关系，讲话者本身能理解这种言外行为。通过联系连贯与命题的言外功能，Widdowson 拓宽了语篇连贯研究的视野，但他并未明确定义命题和言外行为，该理论的模糊性使其显得较为笼统。因此，为了提高该理论的可应用性，还需要进行大量理论框架、分析方法、语篇结构等层面的研究。

Mann & Thompson（1987②）的修辞结构理论借助了系统功能语言学的层次和阶级理论。他们认为语篇由不同层次的功能块构成，每个功能块都有其特定的功能，具体表现为某种修辞关系，而较小的功能块修饰其所在的较大功能块的修辞关系。该理论对连贯现象从修辞结构入手，无疑有一定的科学性和可操作性。但是，它仅限于语篇内部关系和表层语法结构的研究，无法有力揭示出语篇连贯的本质特征和内外部关系。

上述理论对语篇连贯的研究主要基于表层结构等衔接技巧。认知语言学的发展让越来越多的学者意识到，语篇连贯的研究不能只局限于语篇的表层形式，还应关注语篇的语义层面去探索语篇连贯的生成机制。对此，Lakoff 和 Johnson（1980③）提出了概念隐喻和 ICM 理论。概念隐喻理论认为概念隐喻能够帮助构建篇章连贯；ICM 理论中的理想认知模型则指讲话人对某一领域知识和经验的抽象化、理想化理解是已储存在头脑中的常规性认知模式之一。Sperber 和 Wilson的关联理论也被广泛应用于语篇分析中。Blakemore（1992④）参照关联理

---

① Widdowson，H. C. *Teaching Language as Communication* [M]. Oxford：OUP，1978.

② Mann，William C. & Sandra A. Thompson（eds）. Discourse Description：Diverse linguistic analyses of a fund-raising text [A]. in *Pragmatics & Beyond*，*New Series* [C]. Amsterdam：John Benjamins，1992.

③ Lakoff，G. & Johnson，M. *Metaphors We Live By* [M]. Chicago：The University of Chicago Press，1980.

④ Blakemore，D. *Understanding Utterances* [M]. Oxford：Blackwell，1992.

论研究语篇连贯现象，他把连贯看作是关联的副产品。Giora（1998①）则运用关联理论探讨关联与连贯的关系，并提出语篇的关联并不是语义连贯的充分条件。相反地，Wilson（1998②）则认为语篇的连贯取决于关联性，即只要语篇具备了关联，其意义就是连贯的。

3. 相关研究综述

3.1 国外研究综述

国外研究者对衔接和连贯的探讨兴起于二十世纪五六十年代，随后 Halliday & Hasan、Van Dijk、Widdowson、Lakoff & Johnson、Beaugrande & Dressler 等学者均对语篇衔接与连贯问题进行了研究。Halliday 和 Hasan（1976③）《英语中的衔接》一书的出版使得语篇衔接研究成为学者们广泛关注和研究的一大议题。他们认为衔接是一个语义概念，并将衔接手段划分为语法衔接（照应、替代、省略、连接）与词汇衔接（搭配和重述）两大类。

Van Dijk④ 提出了"宏观结构理论"，对连贯概念作出了明确的界定。他认为"在语义层面，语篇连贯是由宏观结构决定的。"连贯表现为句子之间的连贯关系和整体的语义结构，并从局部和整体两方面分析了语篇连贯的特征。但该研究主要局限在语篇内部，1978 年，Widdowson⑤ 提出"言外行为理论"，认为能够借着形态、句法和语义标识而不顾及进行中的言外行为所建立的跨句命题关系是衔接关系；而由命题施行并能为受话人领悟的言外行为之间的关系则为话语的连贯关系。Brown & Yule（1983⑥）将语境特征、社会文化知识、话语规则、交

---

① Giora，R. Discourse Coherence is an Independent Notion：A Reply to Deirdre Wilson [J]. *Journal of Pragmatic*，1998（12）.

② Wilson，D. Discourse，Coherence，and Relevance：A Reply to Rachel Giora [J]. *Journal of Pragmatics*，1998（3）.

③ Halliday，M. A. K. & R. Hasan. *Cohesion in English* [M]. London：Longman. 1976.

④ Van Dijk，T. A（ed.）Discourse in Social Interaction [A]. *Discourse Studies：A Multidisciplinary Introduction* [C]. London：Sage，1997.

⑤ Widdowson，H. C. *Teaching Language as Communication* [M]. Oxford：OUP，1978.

⑥ Brown，G. & Yule，G. *Discourse Analysis* [M]. Cambridge：Cambridge University Press，1983.

际功能等看成是决定语篇连贯的因素。Lakoff 和 Johnson（1980①）则提出 ICM 理论，并用其来解释语篇连贯性，该模型指储存在说话人头脑中的是一种常规性认知模式，且具有互动性、体验性、关联性等特征。Beaugrande 和 Dressler（1981②）则认为衔接是篇章表层结构之间的语义关系，连贯涉及篇章的深层结构意义，在形成语篇的七大条件中衔接是首要条件。1985 年，Halliday 和 Hasan 出版的《语言·语境·语篇》一书中把衔接的意义范围扩大到了实现谋篇意义的结构之间的关系，同时还明确了一些区分类别，扩大了衔接的涵盖范围。相关研究发展到 1990 年，Parsons 对衔接链中衔接项目的数量和语篇连贯的关系进行了研究，把语篇的衔接方式与语篇连贯的程度联系了起来。

3.2　国内研究综述

国内的语篇衔接与连贯研究始于 20 世纪 80 年代，而且其中大部分研究是阐述和介绍国外的衔接和连贯理论，尤其是介绍 Halliday 和 Hasan 的"衔接加语域一致性"理论。语篇衔接与连贯理论进入 20 世纪 90 年代和新世纪后也得到了进一步的发展与完善：研究人员不断增多，研究成果不断涌现，研究视角和主题日益多元。国内不少学者在介绍国外衔接与连贯理论的同时结合国内的实际情况撰写了一系列相关文章与专著，其中包括如胡壮麟、张德禄、朱永生、苗兴伟等。以下将主要从理论和应用两方面对我国衔接与连贯的研究进行回顾和梳理。

胡壮麟（1994③）扩大了结构衔接的范围，把及物性结构关系作为一种衔接手段，同时附加了同构关系；提出了音系层的衔接手段，把语音、语调模式纳入衔接范围；把语篇结构作为一种衔接手段；提出了语篇连贯涉及多层次的观点，认为社会符号层对语篇连贯起重要作用，并论述了社会符号层因素对连贯的作用。他在书中提出了衔接的多层次模式：最顶层是社会符号层，第二层是语义层，第三层是结构层，第四层为词汇层，各层次对语篇生成和语义建构发挥着不

---

① Lakoff, G. & Johnson, M. *Metaphors We Live By* [M]. Chicago：The University of Chicago Press，1980.

② Beaugrande，R. de & Dressler，W. U. *Introduction to Text Linguistics* [M]. London：Longman，1981.

③ 胡壮麟. 语篇的衔接与连贯 [M]. 上海：上海外语教育出版社，1994.

同的作用。朱永生（1997①）分析了 Halliday 和 Hasan 的理论，肯定了他们在衔接研究领域的开拓性作用，但也指出衔接并不一定导致连贯，而缺乏衔接也并不一定导致语篇不连贯。张德禄是国内对语篇衔接与连贯研究最多、成果最卓越的学者之一。张德禄（2000②）提出了 11 条语篇内部衔接机制和 9 条衔接纽带。2003 年张德禄和刘汝山③在总结多年研究成果的基础上扩展了衔接范围，主张多层面研究语篇连贯现象，如从语篇内部结构、心理认知以及社会文化因素等方面出发，探究语篇连贯的形成过程及各因素的相互关系。他们提出了跨类衔接和跨层次衔接以及人际意义之间的关系形成的衔接等概念，并提出了语篇与语境之间的衔接。2006 年张德禄④又在介绍 Campell 的语篇连贯 6 条宏观原则的基础上增加了 2 条（衔接连贯全文原则、体裁优先原则），将其发展为 8 条宏观连贯原则。

此外，程琪龙、王全智、魏在江、程微等也从不同视角对语篇衔接和连贯理论进行了深入研究。程琪龙（2001⑤）从神经认知语言学角度出发研究语篇连贯，提出了"分层认知理论模式"。王全智（2002⑥）认为连贯是语篇的立身之本，衔接与关联皆服务于连贯；魏在江（2005⑦）运用顺应理论从语用学角度分析了语篇连贯与语言使用者的元语言意识之间的关系。

除了上述研究，不少学者还从其他角度探讨了衔接与连贯的问题。董俊虹（1999⑧）在对大学生的英语作文分析中，发现大学生"好""差"英语作文中对衔接手段的运用存在明显差异。高琰（2004⑨）指出学生在经过一定的衔接与连贯训练后，其衔接与连贯能力得到提高，作义质量也明显提高。王璁和陈铸芬（2009⑩）将隐形衔接与连贯手段应用到英汉翻译教学，研究发现连贯与衔接手段的识别和运用会对语篇翻译质量产生影响。李冬琴（2011⑪）则分析了大学英

---

① 朱永生．试论语篇连贯的内部条件（下）[J]．现代外语，1997（01）：12 - 15.
② 张德禄．论语篇连贯 [J]．外语教学与研究，2000（02）.
③ 张德禄，刘汝山．语篇连贯与衔接理论的发展及应用 [M]．上海：上海外语教育出版社，2003.
④ 张德禄．语篇连贯的宏观原则 [J]．外语与外语教学，2006（10）.
⑤ 程琪龙．神经认知语言学 [M]．北京：外语教学与研究出版社，2001.
⑥ 王全智．也谈衔接，连贯与关联 [J]．外语学刊，2002（02）
⑦ 魏在江．语篇连贯的元语用探析 [J]．外语教学，2005（06）.
⑧ 董俊虹．大学生英语写作中语篇衔接与连贯的错误分析 [J]．外语教学，1999（01）：84 - 87.
⑨ 高琰．从衔接连贯的角度看中国学生英文写作的质量 [D]．广东外语外贸大学，2004.
⑩ 王璁，陈铸芬．英汉翻译中的隐性衔接与连贯问题 [J]．外语研究，2009（03）：93 - 96.
⑪ 李冬琴．基于语境、衔接与连贯理论对大学英语阅读理解的研究 [D]．中国海洋大学，2011.

语等级考试阅读理解的特点，得出"引入语境、衔接与连贯理论指导大学英语阅读理解教学，有利于提高学生的阅读理解能力和成绩"这一观点。

综上所述，国外对衔接与连贯的研究历经半个多世纪的发展，已经取得了较为丰硕的研究成果。国内语篇衔接与连贯理论研究从最初的引进到进一步的发展与完善再到广泛应用于各类学科，可以说呈现出一个良好的发展态势。但也应看到我国学术界相关研究主要停留在对国外理论的引进介绍和评价上，尚未建构独立的体系和具有广泛影响力的理论。在应用研究层面，学者们主要将衔接与连贯理论应用于英语阅读、写作、翻译等方面，在一定程度上丰富和发展了衔接和连贯研究实践。但是，学界对口译中衔接和连贯理论应用研究的关注却比较匮乏。因此，本节将研究分析在口译过程中衔接和连贯理论的应用，希望为译员在口译时的语篇衔接和连贯起到一定的帮助。

4. 衔接与连贯理论在口译中的应用

4.1　口译的特点

语言的最终目的是实现交流，口译作为一项很特殊的语言交际活动，其存在和发展的基础也是语言。口译的首要任务始终是为使用不同语言的人们搭建沟通的桥梁，促进信息的传递和思想的交流，让交谈双方相互理解。口译信息的表达情况在很大程度上决定着交谈双方能否顺利实现交际目的。

尽管口译的交际作用如此重要，它仍是一门"遗憾"的艺术。口译是通过听取和理解源语信息，并将其转换为目的语的语言符号，进而达到传递与交流信息之目的的一种交际行为（梅德明，1996①）。口译员必须在较短的时间内作出判断，在有限的时间内理解讲话者的讲话内容，并在忠实于源语的基础上用目的语将其核心思想准确而连贯地表达出来。即席性和限时性是口译的显著特点。基于口译的特殊性，译文难免出现不尽如人意之处。为了顺利传递信息、沟通思想，译员对语篇衔接和连贯手段的把握显得格外重要。

---

① 梅德明．英语高级口译资格证书考试口译教程［M］．上海：上海外语教育出版社，1996.

4.2 衔接和连贯理论与口译的关系

语篇是实际使用的语言单位，是交流过程中一系列连续的语段或句子所构成的语言整体。任何形式的语篇都需要合乎语法，做到结构清晰、语义明确、逻辑合理。语篇并非句子间简单的排列和堆砌，从功能上来说，语篇承担着交际行为的功能。"一个连贯的语篇必须具有衔接成分，而且必须符合语义、语用和认知原则，句与句之间在意义上有联系，句与句的排列应符合逻辑。如果一个句子组合缺乏这些特征，那该组合就不是语篇"（黄国文，1988[①]）。因此，语篇的衔接和连贯是保证语篇成篇不可或缺的标准，也是衡量语言输出质量的重要指标。

Halliday 和 Hasan 认为，任何长度、具有完整语意的书面语或口头语段落都可以称作语篇。因此，口译中的源语和译入语也是语篇的一部分，也就必然具有衔接性和连贯性。这是语篇最基本的特点，也是译员最应注意的问题。口译员在口译过程中要经历注意力分配、理解记忆、言语转换和信息表达等认知环节，需要根据不同主题类型以及源语内容选择不同的衔接连贯手段，以使译文逻辑清晰、语义连贯。口译的目的是通过转变语言形式表达语义，从而实现有效的交际。口译是以话语为基础的活动，而话语最主要的特征之一就是衔接性，即说话者的内容是前后连环且有意义的。理论上对译文的要求虽然如此，但在实际口译活动中不难发现，译文结构松散、逻辑混乱、语义模糊普遍存在。诚然，因为口译活动的特殊性，难以实现和笔译一般"雅"的要求，但译员仍应注意提高自身的语篇意识，准确运用衔接手段，使译文的语句间相互关联、前后照应，从而形成意义相连的有机整体。基于提高译员语篇分析能力和译文整体凝聚力这一目的，笔者将从语篇衔接和连贯理论出发，运用具体实例分析语篇衔接和连贯理论在口译中的实际运用。

4.3 衔接与连贯理论指导下的口译策略

在正式的口译场合，译员译出的译文中如果词与词、句与句、段与段之间表达不连贯、语义不明确、逻辑不严谨，或者句与句之间停顿时间过长，容易让听众以为该译员能力不足、专业性不强，并阻碍听众对源语信息的准确理解，进而

---

① 黄国文.语篇分析概要［M］.长沙：湖南教育出版社，1988.

影响口译质量。因此，在口译表达时，译员需要运用各种语篇衔接和连贯手段来增强译文的连贯性。一般来说，衔接和连贯方法主要包括：照应、替代和省略、连接、词汇衔接。"在大多数语篇中，词汇衔接及照应，替代，省略等语法手段和逻辑联系语都会交替出现，只靠一种联结手段的语篇，如果有的话，也是少数的。"[①] 以下将分别以例证之。

1）照应

照应，也被称为指称，是语篇中指代成分与所指对象之间在语义上的相互解释关系（朱永生，2001[②]）。照应是篇章中一个语言成分与此成分的关联点或能在上下文中找到被解释的参照点。这种关系是篇章衔接的主要手段之一，具体可分为以下三类：人称照应、指示照应和比较照应。详见下例：

例1："一带一路" 始终坚持共商共建共享的黄金法则，给各方带来的是满满的发展机遇。

译文：From the start，the BRI follows the sound principle of consultation and cooperation for shared benefits. It has created enormous opportunities for all participants.

在本处译文中，口译员将原文长句中的两个部分分成了两个短句，而两个短句的主语都是"一带一路"。在中文中，重复指代是一种习惯性语言特征，而英文中则较少在短篇幅中出现完全相同的两个词组。为了符合英文习惯，译员用"it"这一人称代词指代了第二次出现的"一带一路"。

例2：你提出了一个大问题啊。关于施政目标，可以说中共十八大已经做出了全面的部署。

译文：You've asked a big question about the goals of our government. The eighteenth NPC has set up that in comprehensive detail.

上例中，中文语句中"中共十八大做出了全面部署"是针对"施政目标"的。在译文中，"大问题"和"施政目标"结合为一小句，因此用"that"来指代上文提到的"施政目标"，既准确表达了原文的中心意思，也使译文更加简洁

---

① 黄国文．语篇分析概要［M］．长沙：湖南教育出版社，1988：136 - 137.
② 朱永生．英汉语篇衔接手段对比研究［M］．上海：上海外语教育出版，2001：38.

明确。

　　2）替代和省略

　　替代被 Halliday 和 Hasan（1976①）认为是介于语言项目之间的一种关系，即用少量语言形式取代上文中的某些成分。替代是用非人称代词的一个成分替代另一个成分，与被替代的词句有着相似的意义和结构功能，即前提词放在被替代形式的位置上不会改变句意。该关系可进一步分为名词性替代、动词性替代和分句性替代。

　　省略，也叫减省译法。在口译中，译员为了使表达简洁明了而将某些不必要的成分省去不译。省略主要分为名词性省略、动词性省略和分句性省略。在汉英口译时，省略一些不影响源语含义的非实质性成分，会使译文的语篇衔接更加紧凑。请见以下几则例子：

　　例3：今年正值中朝建交 70 周年，对两国关系具有承前启后、继往开来的重大意义。<u>传承和发展中朝传统友好</u>，符合双方共同利益，也是中方的坚定选择。

　　译文：The 70th anniversary of our diplomatic ties is a great opportunity to build on this strong legacy and take it forward. It is in our shared interests to cement and develop our long-standing friendship, and China is determined to do <u>so</u>.

　　在译文中，译员使用了"so"一词替代前文的"cement and develop our long-standing friendship"，使前后内容衔接紧凑。从而避免了用词重复，使译文更加简洁。

　　例4：让<u>人民群众</u>住有所居，这应该是政府奋斗的目标。我们需要根据<u>不同人群的需求</u>，不同城市的情况，分类施策、分城施策。

　　译文：The goal of the government is to ensure adequate housing for the people. We need to take differential measures in response to <u>diverse needs</u> and in light of different situations in different cities.

　　在处理这句话的时候，译员选择省略原文中"不同群众"这个部分，只保留了"不同需求"。但由于上文已经提及"人民群众"，所以在译文中这样的选择性省略并不会给听者造成困惑。此处的省略也更符合英文简洁的行文要求。

----

　　① Halliday，M. A. K. & R. Hasan. *Cohesion in English* [M]. London：Longman. 1976.

例 5：今年是新中国成立 70 周年。70 年来，在中国共产党坚强正确领导下，中国人民**团结奋斗，砥砺前行**，取得了举世瞩目的巨大成就。

译文：Indeed，2019 marks 70 years since the founding of the PRC. Under the strong and correct leadership of the CPC，our people have <u>forged ahead as one</u> in the last 70 years and made great strides that have truly impressed the world.

在本例中，原文的"团结奋斗，砥砺前行"有重复的意思，译员选择将其合并为一个成分，翻译成"forge ahead as one"，避免词汇的冗余，让译文更加简洁明确，也更突出了语篇的逻辑关系。

3）连接衔接

连接衔接（连接）指通过连接词反映句中的逻辑关系，从而实现语篇顺畅连接的现象。增加逻辑连接词可以显化句子的逻辑关系。由于汉语注重"意合"，很多时候句子的逻辑是隐性的，而英语注重"形合"，要求逻辑严明。这种手段能够较好地体现上下句之间的语义联系，使得译文的表达更具有逻辑性也更准确。常用于连接的语言单位有：逻辑联系词（如 and、but、so 等）、短语（如 in addition、in a word 等）和分句（如 that is to say、what's more 等）[1]。举例如下：

例 6：我们正在加强规范性措施。下一步，包括采取逐步纳入预算管理，开正门、堵偏门，规范融资平台等措施。

译文：We are going to intensify regulatory steps，put those debts under budgetary management over time and enhance the oversight of financing vehicles. <u>In a word</u>，we are going to keep the front gate open and block side doors.

这个例子中，我们不难发现译文使用了连接词"in a word"进行语篇衔接，清晰点明了该句子的内在逻辑关系，即"开正门、堵偏门"是句中的总领部分，其他各项措施是对其的具体补充说明。经过处理的译文更加符合英语的语言习惯，也更好地传递了源语想要表达的核心思想。

---

[1] 胡壮麟，朱永生，张德禄. 系统功能语法概论［M］. 长沙：湖南教育出版社，1989.

4）词汇衔接

词汇衔接指词汇的衔接，即通过对词汇的选择让语篇具有连贯性。连接主要分为复现关系和同现关系两种：前者指某一词汇以其自身形式或同义词的形式在语篇中重复出现；后者则指语篇中具有搭配关系的词同时出现。词汇重复出现的现象在汉英两种语言中都普遍存在，但相较而言，英语中更倾向于用同义词、近义词、因果关系等词汇同现对语篇进行衔接。详见下例：

例 7：去年中美双边贸易额<u>超过</u> 6 300 亿美元，双向投资存量<u>超过</u> 2 400 亿美元，人员往来<u>超过</u> 500 万人次。

译文：Last year，two-way trade <u>exceeded</u> US＄630 billion，the stock of mutual investment <u>topped</u> US＄240 billion and visits in both directions <u>surpassed</u> five million.

原文中接连使用三次"超过"来表达同一个意思，而在译文中，译员分别使用了"exceed""top"以及"surpass"这三个词汇表达"超过"这一个意思。这样的选择避免了单一词汇的重复使用，也更加强调了原文中"中美两国的利益高度融合"这一信息。

5. 结语

语篇衔接和连贯问题是篇章语言学中的重要课题，其理论成果也已被广泛运用到多个领域。口译作为一种具有特殊性的翻译形式，其首要任务是完成讲话者语义的准确顺畅传递，让交际行为得到较好的完成。这就要求译员在口译实践过程中在理清讲话者传递信息的前提下，恰当地选择语篇的衔接和连贯手段，选取适当词汇、把握译入语逻辑。因此，衔接与连贯理论的研究探讨对改进口译表达过程具有比较重要的指导意义。本节从衔接与连贯理论出发，对该领域国内外学者所做的研究成果进行了梳理和评价，并结合具体的口译例证分析了口译过程中衔接和连贯手段的具体应用策略及产生的效果。希望本文的研究能为口译译员未来的实践活动提供一定的参考和帮助，进一步提高译员的译文产出质量，进而为中国与世界的交流活动建立连接和桥梁。

第二节 语域识别论

　　口译是一种复杂的社会交际行为，译员在执行口译任务时，交流环境、讲话人和听话人情况、语言类型、主题、语域等因素都需要纳入考虑范围。其中，对语域识别及判断是最重要的一点。译员只有综合考虑这些因素，掌握各类语域知识，提高语域敏感程度，培养语域识别能力，才能实现对口译活动的整体预测，使语域的各个相关要素都达到和谐的状态。本节将从语域理论出发，结合具体实例分析口译中的语域特征。通过理论与实践相结合，来提高译员语域识别和判断能力，从而更好地推动口译任务顺利进行。

1. 引言

　　随着我国经济、政治和社会的发展，对外交往和贸易往来逐渐深化。作为与世界各国交流的纽带，翻译工作的重要性日益凸显。翻译工作的顺利进行，是跨文化、跨语言交流有效性和准确性的保障。而在翻译这一广义领域中，口译的重要性尤为突出。关于口译的定义，我们可以将其理解为，"译员在听取源语后，通过口头表达的方式以目的语向听众传达讲话人的意思，使在语言上无法互通的异语双方或多方通过译员的传译能够进行交流沟通。"[①]

　　作为一种语际交流活动，口译既要在语言上符合目的语的表达规范，也要在内容上符合源语语义，同时还要尽可能避免信息遗失，保持信息的"原汁原味"。在不同场合不同类型的口译任务中，服务对象的讲话方式、语调语气也大不相同，除此之外，来自不同地域的成长背景和受教育水平也使得用词习惯和语言结构存在差异。因此，口译的译法总是因人、因时、因地而异，也就是说，在不同的口译场合、针对不同的信息交际方和主题类型，译员选择采用的口译方式应视

---

① 王斌华等．基础口译［M］．北京：外语教学与研究出版社，2009：1.

情况而定。这就涉及系统功能语言学中的一个重要概念——语域（register）。

究竟什么是语域？简言之，语域就是指根据使用环境来区分的语言变体，即使用者在特定的语言场合中所使用的语言类型。依据语域理论，译员对语域的交际范围、话语方式、参与者身份等因素的认识和把握程度，会对译员最终采取的表达方式和口译质量起到决定性影响。因此，在口译活动开始之前，译员需要进行充分的译前准备，正确识别语域，把握好语域中的三大因素，只有这样才能确保信息表达的准确性和完整性，保证源语风格和语义得以保留和体现。本节试图将系统功能语言学中的语域理论与口译活动相联系，通过实际案例，分析口译任务中的语域识别问题，以期为优化口译表达、改进口译教学和实践提供指导和参考。

2. 语域理论

2.1 语域的定义

语域理论是系统功能语言学派的重要理论之一。目前为止，各国学者关于语域有着不同的见解和定义，但其基本思想是相似的，即语域是语言使用者认为适用于某一特定场合的语言。语域这一概念最初是由 Reid ①在 1956 年进行双语现象研究时提出来的。之后，英国语言学家 Firth② 对语域的定义进行了更进一步的规范，认为"语义存在于语境"，且情景语境应有自身的意义系统。1964 年，Halliday③ 等人在研究"情景语言框架"（institutional linguistic framework）时，对语域进行了研究。他们认为可以根据话语范围（field of discourse）、话语方式（mode of discourse）和话语风格（style of discourse）来区分语域，同时语域也会在这几个方面加以体现。由于话语风格可能容易产生歧义，Halliday 后来使用"话语基调"（tenor of discourse）这一术语来替代"话语风格"。"话语基调"是

---

① Ure，J.，& Ellis，F. Register in Descriptive Linguistics And Linguistic Sociology [A]. *In Uribe-Villas*, *O.（ed.）. Issues in Sociolinguistics* [C]. The Hague：Mouton，1977：198.

② Eggins，S. *An Introduction to Systemic Functional Linguistics* [M]. London：Pinter，1994：52.

③ Halliday，M. A. K，McIntosh，A.，& Strevens，P. *The Linguistic Sciences and Language Teaching* [M]. London：Longman，1964.

由 Gregory[①] 等人提出的一个概念，它包括个人基调和功能基调。个人基调指话语活动参与者之间的角色关系，功能基调则指所要实现的交际目的。而 Halliday 所提出的"话语基调"仅包含个人基调的内容，而功能基调则被归为话语方式中。

关于语域的内涵，Halliday[②] 在《作为社会符号的语言》（*Language as Social Semiotic*）一书中指出，语域是"通常和某一情景类型相联系的意义结构"，同时，他还明确了语域和方言的区别，即语域是根据用途和情景来区分的语言变体，而方言则是根据使用者及地域区分的语言变体。这表明，语域不仅仅是一种语言形式，而是一种语义概念。Matthews[③] 编写的《牛津简明语言学词典》中将语域界定为，特定语言活动或相关人群所用语言的系列特征。Hatim[④] 把语域视为依据特定活动、正式程度等要素而选择的特定语言类型。我国英语专家仲伟合对语域的定义是："语域是与语言交流场合相联系的一种语体，使在特定的语言环境中使用的、表现为一定特征的语言形式。"[⑤] 张鑫友也对语域概念进行了解释，认为"语域是与情景类型相适应的语言类型"[⑥]。

综上所述，专家学者对于语域概念的界定不尽相同。通过归纳总结，我们可以发现，这些定义虽然表述各异，但均继承和发展了 Halliday 的语域理论，强调了语域最本质的内涵，即语域是针对特定的交际场合，为实现某一交际目的而产生的一种语言变体。

2.2　语域的决定要素

根据 Halliday 的语域理论，语域的决定要素包含三个社会变量：话语范围

① Gregory，M. Aspects of Varieties Differentiation [J]. *Journal of Linguistics*，1967，3（2）：177-198.

② Halliday，M. A. K. *Language as Social Semiotic：The Social Interpretation of Meaning* [M]. London：Arnold，1978.

③ Matthews P H. *Oxford Concise Dictionary of Linguistics* [M]. Oxford：Oxford University Press，1997.

④ Hatim B.，Mason I. *Discourse and the Translator* [M]. Shanghai：Shanghai Foreign Language Education Press，2001.

⑤ 仲伟合. 英语口译教程（上）[M]. 北京：高等教育出版社，2006：159.

⑥ 张鑫友. 《新编简明英语语言学教程》学习指南 [M]. 武汉：华中师范大学出版社，2004：300.

(field of discourse)、话语基调（tenor of discourse）和话语方式（mode of discourse），即语场（field）、语旨（tenor）和语式（mode）。

语场（即话语范围）主要指实际发生的事情，是一种社会行为，包括语言活动的操作领域、谈话主题、交际内容等，可以反映出语言使用者的目的。语场决定了在什么场景下谈论什么领域，以及谈论的具体主题是什么。因此，语场很大程度上影响着交际的性质，以及交际中所运用的词汇、音位和语法。在口译活动中，语场对应着发言场合、发言主题和发言内容，其变化范围非常之大，从日常领域到高度专业化领域，包括了日常生活、商务、教育、科技、医疗、司法、外交、政治等各个方面。

语旨（即话语基调）指交际双方的关系，包括角色关系、身份地位以及交际意图等。交际双方的角色关系可以指各类社会角色关系，如售货员/顾客、教师/学生、医生/患者等，也可指交际中的话语角色关系，如发言人/听众、作者/读者、提问者/回答者等。对于口译过程而言，不同的角色关往往会决定交际意图的不同。而由于交际者的文化背景、社会地位、受教育水平的不同，其专业知识储备和语言习惯往往有所差异，这在很大程度上决定了其语言表达的正式程度和用词语法表达的专业水平。

语式（话语方式）指的是语言的交际方式或传递渠道，可以分为口头语言和书面语言，即兴语言和备稿语言等。一般而言，口语中的交际用词相对简单，句式简短，结构松散，语法宽松，而书面语的交际用词则会比较正式考究，句子较长，语法严谨且关系清晰。语式在口译中常常可以理解为发言人的发言形式，分为备稿发言和即兴发言两种，不同形式的选择也制约着语言的语篇功能。

总的来说，语场、语旨、语式分别从三个不同的方面对语言的使用产生了影响，同时又共同影响了语篇的结构和整体布局。"语域的这三个组成部分趋向于决定意义系统的三个组成部分，即概念意义、人际意义和语篇意义。[①]"具体来说，语场决定了概念功能的意义范围，语旨决定了人际功能的意义范围，语式决定了语篇功能的意义范围，即话语的意义、结构和语体均受到语域的影响。因此，在口译过程中，译员需要提前熟悉任务主题、了解相关专业知识、搜集会涉及的术语、以及讲话者和听众的背景资料等，以准确把握源语语域，作出合理的

---

① 胡壮麟，朱永生，张德禄. 系统功能语法概论［M］. 长沙：湖南教育出版社，1989：175.

语域判断，采取合适的翻译方法，使口译表达恰到好处，从而达到既定目的。

2.3　语域标志

语域在不同环境场合的变体有其特定的标志，这种标志被称为语域标志（register marker）。在口译中，语域标志可以分为正式语体与非正式语体，我们可以从语音层面、词汇层面、句法层面和语篇层面四个方面对其进行识别。笔者将在下文详细论述识别的方法。

3. 译前的语域识别

在口译实践中，语域随着口译场合、发言人身份、语言习惯、文化特征等因素的不同而发生变化，因此译员需要准确识别具体情况下的具体语域，并恰当处理。但是，口译过程中源语输入和目的语产出的限时性和一次性使译员的思考时间十分有限，所以译员必须在短时间内快速反应，这无形中给译员带来了极大的心理压力。古语云："工欲善其事，必先利其器。"因而，对译员来说，口译任务能否圆满完成，与译前准备工作休戚相关。关于口译的译前准备，从语域方面来讲，主要可分为以下两个方面：一是通过语域标志识别口译内容的语体正式与否；二是通过语域的三个要素对语域进行识别。

3.1　语体识别

语体指的是"同一语言品种（标准语、方言、社会方言等）使用者在不同场合中典型地使用该语言品种的变体"①。语体可以根据口译场合的不同分为正式语体和非正式语体。正式语体多用于严肃、庄重的公共交际场合，如国际会议、双边谈判、商务会议等；非正式语体常见于随意、轻松的私人交际场合，如见面寒暄、朋友之间的闲谈等。我们在前文提到，在口译活动开始之前，译员可以在译前准备中从语音、词汇、句法、语篇这四个层面，对文字、影像资料的语域标记作出语体判断，下面笔者会对其进行具体阐述。

---

① 程雨民. 英语文体学 [M]. 上海：上海外语教育出版社，1989.

1）语音层面

语音层面的语域标志在文本和讲话中比较容易被发现，主要包括非正规的拼写和发音方式。我们可以通过对语音层语域标志的判断来区分正式语体与非正式语体。例如，如果话语中出现"ya"（standing for you）、"yeah"（yes）、"gon-na"（going to）、"wanna"（want to）、"kinda"（kind of）、"feller"（fellow）、"wouldja"（would you）这类非正规语音形式，或是多次使用"I've, You'd, We'll, They're 等缩略语，则说明这些话语属于口语或非正式语。由于发音较为含糊，且连音、弱读现象出现较多，所以这类用法很少在商务谈判、大型会议等正式场合使用。相比之下，正式语体的语调则较为平衡，发音较为清晰，能够产生庄重、严肃之效果。因而，我们可以得出这样的结论：语体越正式，发音就是清晰；语体越不正式，发音就越模糊不全。我们列举以下两则对话为例：

例 1：A：Whatsa matter? Upset stomach?

B：Not really. Just tired. Kids sleep?

A：Not yet. Coffee ready?

B：In na minute. Tired，honey?

A：A little.

例 2：A：Will you stipulate that the complaint may be a mended to negative laches?

B：Unnecessary. This is at law，not equity. My objection is not laches，but that the pleading affirm atively shows the bar of the statue.

A：You client has been served.

B：But only by publication，and that will not support a personal judgement.

从以上两例可以看出，例 1 中存在许多不规则的拼写方式和省略句式，由此我们可以推测，这段对话发生的场合可能是关系比较亲近的人之间的谈话。例 2 中的句式相对复杂、语法严谨、几乎没有不规则拼写，加之内容涉及"com-plaint""law"等，所以可以推测这则对话可能发生在两位律师之间。因此我们可以看到，中英文在语音层面所具有的特定语域标志可以帮助我们在口译中准确识别源语中的这些标志，并将其恰当地翻译出来。

2) 词汇层面

词汇层面有着大量的语域标志。五花八门的同义词形成了数不清的语域，而词类、词源和词的搭配的不同，亦会造成不同的语域标志。就词源而言，英语的词汇来源主要有两类，一类是本土词汇，即盎格鲁-萨克逊语，另一类是外来词汇，如法语、拉丁语、希腊语等。在非正式交谈中，通常使用英语的固有词汇，因为这类词比较口语化，简短方便，清晰易懂。法语词汇优雅精练，常用于正式语体中，给人以文雅之感。拉丁语和希腊语词汇则经常使用在更为正式的语体中，如学术论文、正式演讲、公文、报告等材料中。总体而言，与本土词汇相比，法语、拉丁语、希腊语等外来词汇的语体更加正式。在实际运用中，用这三种不同来源的词汇表达同一意义，便构成了一个正式程度大不相同的同义词组。请看以下这则例子：

例 3：如果国际私法规则导致适用某一缔约国的法律……

译文：When the rules of private in ternational law lead to the application of the law of a contracting state...

在上例中，"适合"一词被译为"application"，而不是"use"，因为前者比后者更为正式，更能体现法律语言的庄重、严肃和正式性。

3) 句法和语篇层面

句法层面也有着比较明显的语域标志。我们常用的非正式语体有着这些特点：句式简短；结构简单；偶尔也有长句，但结构一般较松散；省略句多；常伴有插入语。正式语体则不然，其特点通常是：句式较长；句型复杂；结构缜密；常出现强调句、被动句、虚拟语气等。

语篇层面的语域标志不及语音、词汇和句子三个层面明显。语篇由语音、词汇、语句构成的，因此语篇中包含了上述三个层面的所有语域标志。通过仔细观察，我们可以发现以下特点：在正式语篇中，语段之间多使用过渡、转折、递进等结构手法，标点符号及数词使用相对规范，有时还会使用如排比、重复、对仗等修辞手法，给人庄严、气势磅礴之感。

3.2 语域识别

语域是随语言交流场合、使用环境而变化的一种语言变体。一般而言，决定语域的三大因素是语场、语旨和语式。在交际过程中，任何一个要素发生改变，都会造成交际意义的变化，从而产生不同类型的语域。因此，译员可从这三个方面着手，进行译前的语域识别。

1）语场识别

语场指实际发生的事，包括正在进行的交际活动、谈论的话题和内容。通俗来讲，语场即语篇表达的内容和题材，反映"What are they talking about ？"（他们谈论的是什么?）。在口译任务开始前，译员对语场的准确判断可以对整个口译活动起到宏观指导的作用。从语场这一变量来说，译前准备主要包括以下几个方面：第一，提前熟悉口译任务涉及的相关领域的知识；第二，准备任务主题和相关话题；第三，了解主办机构情况及口译现场环境。

这里我们以中国总理李克强在 2016 年第十届夏季达沃斯论坛开幕式上的讲话为例。论坛于 6 月 26 日至 28 日在天津举行，是国际企业相互交流与合作的重要平台，也是宣传中国经济的重要渠道。总理出席并发表了具有重要意义的特别讲话。在口译领域，毫无疑问，它属于外交口译，具有很强的政治性。发言人使用非常精确的单词和句子。其中大部分是重要的话题，如国家政策、外交关系、立场和态度。口译员的口译质量极高。因此，口译员必须理清中国外交口译的特点和策略，对即将到来的口译有初步的了解。其次，从论坛涉及的话题来看，这种解读的主题应该是中国的经济形势和发展。翻译人员应及时找到关于夏季达沃斯论坛的信息，并做好充分准备。此外，口译员还应了解东道主的相关信息。夏季达沃斯论坛是由温家宝总理和世界经济论坛主席施瓦布共同发起的。自 2007 年以来，夏季达沃斯论坛在中国天津和大连交替举行，也被称为"世界经济论坛新领军者年会"。最后，还应为现场人员、环境和专业知识做好口译准备。有时，当发言人说出一个不熟悉的名字或组织名称时，口译员会觉得没有准备就无能为力，从而影响翻译质量。为了避免这种情况，口译员必须事先准备和搜索相关材料。同时，口译员还应通过互联网查阅与"中国经济外交"和"经济与工业"相关的专业词汇表达和知识，以便在充分准备的前提下高质量地完成口译任务。

2）语旨识别

语旨是指语言活动参与者之间的社会、角色关系。语旨决定了话语的人际意义，即"Who are they talking to?"（他们与谁交谈？）在口译之前，了解演讲者和听众的背景是非常必要的。演讲者不同的文化背景、教育水平、职业和家庭都会影响他的演讲风格和词汇用法。因此，口译员应该通过各种渠道了解双方的教育背景、知识水平和专业经验。

以导游口译员为例，承担口译任务的口译员不仅需要优秀的双语语言技能和翻译技能，还需要深入了解当地景点和两国文化以及深厚的文化底蕴。在导游口译过程中，译员应充分考虑两种文化的差异，使用更多的解释性语言，准确地向外国人传达汉语所蕴含的文化内涵，让他们感受到当地的文化魅力，扮演跨文化交流使者的角色。我们将以下面的导游口译实践报告为例来进一步说明语旨识别的问题。

2016年2月20日上午，一批加拿大游客来到北京参观什刹海风景区。这项翻译任务的目标受众是加拿大游客。翻译人员需要现场向加拿大游客解释导游的中文解说词，并及时将加拿大游客的反馈翻译给导游。口译前，译员需要分析语旨，确定目标受众，并与几名加拿大游客和导游进行沟通从而对其有所了解。口译员可以与参加口译实践的导游和外国朋友见面和交流，以减轻心理压力。对口译员来说，这种口译的困难在于双方之间的信息交流不平衡。现场导游具有扎实的专业知识和丰富的景点相关知识储备。但作为加拿大游客，他们对中国文化知之甚少，所以很难向他们解释什刹海的文化习俗。因此，只有当口译员充分理解了交际双方的背景，即对语旨有了一定的理解和判断，他们才能在陪同口译员现场时做好相应的准备，提供更好的服务。

3）语式识别

语式，即话语的传递方式，指语言活动表达话题、输出信息的渠道和方式，包括口头语和书面语，即席的和事先准备的。语式反映的是"How are they talking?"（话语是如何组织的？），影响着话语的语篇意义。我们可以依据口译类型的差别将常见的几种口译场景分为演讲口译，会议口译和陪同口译三种。下面笔者分别对其语式特征进行分析。

一般来说，对于重要人物的讲话进行现场口译，口译人员可以提前获得演讲材料。这种演讲的语式因人而异。例如，校长或大学校长、教授等的演讲，其演讲风格通常相当正式和标准，而文化媒体和其他领域的名人演讲则相对通俗。例如，2016 年 12 月 15 日，美国乔治梅森大学历史副教授萨姆·勒博维克（Sam Lebowick）在国家档案馆发表演讲，主要论述美国言论自由的相关问题。这场演讲比较正式且偏学术性，所以使用的词较为专业，语言主要是长句，结构也很复杂。口译员应结合自己的语言特点，准确把握演讲的语境，以便听众能清楚地获得演讲者的思想和观点。

根据会议的规模和形式以及与会者的身份，会议口译的语式也会有所不同。以两会记者招待会为例，资料显示，国家总理通常口头、即席、毫无准备地发言，而中外记者的发言通常是口头、即席、有准备的。由于两会场合的正式性，尽管总理会在讲话中使用口语来表达他的观点或感受，但这并不是一种完全化的口语。相反，大多数语言具有书面语言的特点，经常使用排比和隐喻等修辞手段。因此，其语式具有混合性，要求译者充分考虑源语的语式，努力实现源语言和目标语言的对等。

陪同口译通常指对外宾的双向口译、商务访问、检查与交流、旅游陪同、娱乐休闲等。在外语交流中由口译员现场向双方甚至多方进行。与会议口译相比，陪同口译不太正式，语式相对随意简洁，大多为非正式语体。此外，陪同口译的时间通常很短，多为几个简单的、类似于聊天的对话，涉及的内容也更灵活和随意。翻译人员在翻译前也应做好充分准备，以便灵活翻译。

4. 结语

口译是一种跨文化的语言交流活动。口译时，译员不仅要准确连贯地表达，还要综合考虑交际场合、交际对象及其相互关系等，尽可能还原真实的情景语境，使翻译能够反映原文的语域特征，达到预期的交际目的。本节将语域理论应用于口译过程的研究，分别讨论了语域的三个方面，即语场、语旨和语式以及语域识别对于译员译前准备的重要意义。一方面，口译员可以通过语音、词汇、句法和语篇四个层面的语域标志进行语体识别。另一方面，口译员可以通过语域的三个变量来初步预测和准备口译任务，以保证信息的顺利传递。

　　总之，语域理论将语言的功能和形式紧密结合在一起，对译者翻译前的准备起着重要的指导作用。正确识别和处理语域不仅能提高口译质量，而且是准确表达说话人意图和情感的必然要求。因此，在口译实践中，培养译员在翻译前识别和判断语域的能力尤为迫切和必要。

第三节　模糊语义论

　　模糊性（vagueness）是语言的自然属性，同时也是语言的本质特征之一。口译是一种将源语言转换成目标语言的交际活动。当然，它也将涉及语际转换过程中对模糊性的处理问题。在口译中，模糊性主要体现为语义模糊性，而由此导致的意义不确定性往往会给译员造成一定程度的翻译困扰。然而，语义的模糊性也有其自身的语用价值和功能。在口译过程中，译员若能运用恰当的翻译策略，对模糊语义现象进行灵活的处理，将会有助于提高口译表达的整体质量，获得"言有尽而意无穷"之效果。本节以语用学中的模糊理论为指导，通过相关案例分析，对口译过程中模糊语义的具体特征进行探讨，并提出一些行之有效的翻译策略，希望能有助于提高译员口译质量。

1. 引言

　　语言是人类智慧的结晶，承载着人类的灿烂历史和文化积淀，是人类思想交流和文明互鉴的重要载体。然而，由于语言世界纷繁复杂，往往存在着不少难以解释、极易混淆的模糊语义现象。一方面，自然界本身就包含着一些模糊不清的概念，如"春""夏""秋""冬"这四个字所表达的意义本身就具有模糊性，很难在它们之间找到一条泾渭分明的界限。另一方面，人类对客观现象的认识能力也是有限的，在大千世界中存在着无穷无尽的事物，要想用本身就有限的词语去对它们加以描绘，几乎是无法实现的。由此可见，语义的模糊性既是客观存在的，又是无处不在的，模糊性是语义的根本属性之一。

1965 年，美国科学家 L. Zadeh[①] 在"模糊集合"一文中提出了"模糊"这一概念，同时在多值逻辑的基础上，又提出了著名的模糊理论，认为在自然语言中，句子里出现的大部分词语都属于模糊集合的名词。自此，模糊性问题开始受到诸如数学家、哲学家、逻辑学家和语言学家等的高度关注，并在多种学科中取得了丰硕的研究成果。在语言学方面，有关模糊语义学的研究触角几乎已经触及语言学的各个分支，继而又逐渐形成了多学科交叉性研究的趋势。不过在模糊性与翻译关系的研究中，人们却更多地聚焦于笔译方面，而对口译中模糊语义这一问题的探索还较为薄弱。

作为一种即时传媒性质的翻译，口译随着全球国际化发展势态而迅速发展起来，并在对外交流中占据了不可替代的地位。在口译过程中，当译员面对不同性质的语言时，译员在进行语言转换过程中很可能就会遇到某些意义不清的模糊用语，这无形中便增加了口译的难度和挑战。因此，有必要对口译中的语义模糊现象进行深入的研究，进一步了解模糊语义对译员造成的影响，帮助译员掌握模糊语的翻译技巧，使其能够更出色地完成口译任务。本节首先介绍"模糊"的概念和理论，同时回顾和梳理国内外学者的相关研究，在此基础上，对口译中模糊语义问题进行理论分析，通过具体的口译实践实例，提出较为有效的语义模糊处理建议，具有一定的理论意义和实用价值。

2. 模糊语义概述

2.1 模糊语义的定义

作为语义学研究的重要课题，模糊语义研究一直备受诸多研究者的重视，并在众多领域得到广泛应用，但在具体界定何为模糊语义时，学界却存在很大分歧，至今尚未形成统一定论。一方面，由于模糊语义这一概念天然就具有相当程度的模糊性，要对其进行清晰界定有较大的难度。另一方面，学者们往往由于不同的研究目的，采用不同的研究角度和途径，可谓"横看成岭侧成峰，远近高低

---

① Zadeh. L. A. "Fuzzy Sets"[J]. *Information and Control*，1965（8）：338-353.

各不同",因而对模糊语义的理解也就不尽相同。

据史料记载,最早注意到模糊语义问题的是希腊麦加拉学派的哲学家。该学派的一位代表人 Eubulides[①] 曾提出过一个著名的"连锁推理悖论",即"一粒麦子不能成堆,对于任何一个数字 n 来说,若 n 粒麦子不能成堆,那么 n+1 粒麦子也不能成堆,无穷多的麦粒也不能形不成堆"。因为麦粒堆是一个模糊词,无法用精确的数字去衡量。这一悖论形象地体现了模糊词语的核心特征,即模糊语义的外延界限比较模糊,往往难以清晰界定。

那么,到底什么是模糊语义呢?以下几位学者对其的定义比较具有代表性,我们接下来分别对其进行介绍。美国著名科学家和逻辑学家 Pierce[②] 对模糊研究做出了重大贡献,认为有些事物本身存在着几种可能的状态,这会导致"说话者的语言特点自身带有模糊性,从而使我们难以作出清晰的判断"。也就是说,模糊产生的根源是由于所指对象的界限不明、含混不清所致。Russell[③] 也对模糊语义进行了研究,其主要观点是:模糊性源于符号的属性,所有的人类语言在某种程度而上说都是模糊的,这是因为人的认知能力是有限的。后来,随着研究的不断发展,Pierce[④] 又在传统的二值逻辑的基础上进行了进一步探索,建立了多值逻辑系统,认为在真假二值之外还存在第三值,并将其称之为中值或不定值。但是,也有一些学者认为,尽管三值逻辑在真与假之间引入了一个不定值,但仍无法解决不定值如何取值这一问题。鉴于描述事物的模糊语有程度上的差别,在取值上也应取不同的、无穷多个特定值。这便形成了无穷多值理论的构建基础。L. Zadeh[⑤] 的模糊集理论和无穷多值理论在原理上较为相似,L. Zadeh 将模糊定义为客观世界中和人类语言中普遍存的、没有明确外延的概念,并认为模糊集是一类有连续性等级隶属度的实体。L. Zadeh 的理论在语言界产生了广泛影

① Manfred Pinkal & Thomas T. Ballmer. *Approaching Vagueness* [M]. Amsterdam: North Holland Press, 1983.

② Pierce, C. S. *"Vagueness"* (ed) *Dictionary of Philosophy and Psychology II* [M]. New York: Macmillan, 1902.

③ Russell, B. *"Vagueness"* [J]. *Australian Journal of Psychology and Philosophy*, 1923 (1): 72-84.

④ Pierce, C. S. *"Vagueness"* (ed) *Dictionary of Philosophy and Psychology II* [M]. New York: Macmillan, 1902.

⑤ Zadeh. L. A. *"Fuzzy Sets"* [J]. *Information and Control*, 1965 (8): 338-353.

响，人们开始用更加客观的眼光来看待事物的清晰性和模糊性。

综合各位学者的观点，我们发现，尽管学者们的定义方法存在诸多不同之所，但他们在对模糊语义上都有一个共同认识，即语言所指对象的界限是不明确的。因此，我们可以将模糊语义定义为：由于某一词语或表达的事物本身边界不明，而造成相关词语或事物意义上的不确定。

2.2　模糊语义的成因分析

导致模糊语义产生的原因来自多个方面，从现有研究来看，大多数研究者主要着眼于语义三角关系中包含的三类要素，即所指对象、符号和使用者，并基于这三大要素来探讨模糊语义的成因。具体阐述如下：

1）客观事物的模糊性

矛盾普遍存在于客观世界中，模糊性亦寓于万物运动之中。对于客观世界中的很多客体，我们往往无法给它们赋予一个绝对清晰的界限。例如，"creek"（溪）与"brook"（河）之间，多大的水流量谓之"creek"，多大的水流量又谓之"brook"？再如，昼夜交替之际的"dawn"（黎明）或"dusk"（黄昏），又如"cold"（冷）与"hot"（热）两端之间的温度变化过程等，这些都是客观世界中模糊性的真实反映。随着科学的发展，也许会使这些模糊现象在某一层次上逐渐清晰，然而在更深的层次上依旧是混沌不清的。根本原因在于事物的模糊性是客观存在的，并不以人的意志为转移。正是由于一些事物固有的模糊性，我们难以用一个明确的标准，然后简单地肯定或否定其是否属于某类范畴。所以，当我们试图用语言符号对这些事物进行描述时，也就不可避免地导致了语义上的模糊性。

2）语言本身的模糊性

语言的模糊性主要源自客观事物固有的模糊性以及语言符号自身的属性。一方面，客观事物是纷繁复杂、无法穷尽的，许多事物本身存在着一定的模糊性，在试图对这类事物加以描述时，所用的语言也不免会随之产生模糊现象。另一方面，语言作为一个符号系统，需要遵循经济型原则，且自然语言本身也具有模糊性。"语言必须以最经济的标准构成"①，语言的经济性原则决定了其要以最少的语言单位来传达尽可能多的信息量，故语言符号的数量远少于客观对象。因此，就引发了语言的有限性与所描述事物的无限性之间的矛盾，进而造成语义模糊。同时，自然语言是一种自然演化的语言，本身便是客观世界的一部分，因此模糊性亦是其本质属性之一。正因如此，"某些语言单位如词语自身常有多种含义或多种结构关系，这就从理论上决定了语义所表达的准确性只能是相对的，而没有绝对的准确"（王铁民，1997②）。

3）说话人的认识限制与说话策略

语言是思维外化的产物，语言的模糊性并非纯粹来源于客观世界和语言符号因素，更为根本的，是源于人类思维和认知水平的局限性。简而言之，即语义模糊性很大程度上是人类认识的限制在语言方面产生的结果。世界万物是错综复杂的，加之客观环境、时代特征、认知能力、精力体力等各种因素制约，人们对事物的认识必然存在着某种程度的不确定性，因此，人们有时不得不使用模糊语来描述尚未明确的事物，如 about（大约）、perhaps（也许）、over（左右）等等。

说话人的说话策略是指说话人为了达到特定的交际目的，而特意在讲话时选用某些语义较为模糊的词语或句子。在实际交流中，清晰而直接的表达很多时候并不一定能取得理想的效果。这时，恰如其分地运用模糊语言反而能收到更好的效果，既使语言表达意味深长，又给接受者更多遐想空间。比如，在外交活动中，若涉及较为敏感的话题，说话人往往会使用 "the country concerned"（有关国家）、"relevant respect"（相关方面）等模糊语，以避免矛盾冲突，维持良好的交往关系。

2.3　模糊与歧义、笼统的区别

在对模糊语义进行研究时，我们有必要先对模糊（vagueness）、歧义（ambiguity）与笼统（generallity）这三个概念进行梳理。

歧义是指一个符号可以有多种理解。当一个词或一句话可以解读为两个或两

---

① 张华茹. 试谈语言模糊性产生的根源 [J]. 中国海洋大学学报，2004（1）：95.
② 王铁民. 语言运用与思维美学 [M]. 广州：华南理工大学出版社，1997：174.

个以上含义时，歧义便自然就产生了。模糊与歧义的区别在于，一个词或一句话的歧义能够通过给予更多信息量（如环境、上下文等）而消除，但语义模糊性却无关乎信息量的多寡。例如，"She bought a pair of grey boots"，由于"grey"与其他颜色的界限不是非常清晰，所以灰色的语义是模糊的，因而整个句子也蒙上了模糊性，但是这却并不会让句子产生歧义，因此这属于模糊的范畴。而另一句话，"I know he is right"，就是一个有歧义的句子，因为"right"一词有两种解释，即"正确的"和"保守的、右派的"，那么相应的，有人会将其理解为"我知道他是正确的"，也有人会就其翻译为"我知道他是保守的"。因此我们可以说，一个词或一句话是否具有语义模糊性，主要取决于某种特定的意义，无关于该词语或句子是否有歧义。

笼统主要是指一个词语的概括意义引起语义的不确定性。当我们说某一词语语义笼统，一般是说它所提供的细节不够完整。我们以"sheep"（绵羊）为例，这就是一个笼统词，因为它并没有提供一些具体的信息，我们不清楚羊的性别、数量或年龄等。而有时，笼统词中包含了一些不确定状态，所以它也具有模糊性的特征。如"red"（红）是一个笼统的颜色词，因为红色对应的范围很大，包括"深红""桃红""粉红""玫红"等。若一位女士说，"I want to buy a red dress"，我们并不能明确她要一件怎样的红裙子。正是由于"red"的模糊性，我们对于红色范围内各种色差之间的界限难以确定，它们的外延边界是开放的，故其语义也是模糊的。总之，模糊与歧义、笼统之间的最大区别就在于，模糊是语言的本质属性之一，是客观存在的，无法依靠上下文而消除和化解，但歧义或笼统通常能够通过上下文或其他语境因素得以消除、澄清。

3. 相关研究综述

3.1 国外研究综述

国外学者对于语义模糊的研究可追溯至古希腊，古希腊哲学家 Eubulides[①]提出了著名的"麦粒堆悖论"，也有人称之谓"连锁推理悖论"，使模糊语逐渐走

---

① Manfred Pinkal & Thomas T. Ballmer. *Approaching Vagueness* [M]. Amsterdam: North Holland Press，1983.

入各领域研究者的视野。到了近代，随着模糊理论的提出，语言中的模糊性问题日益引起了学者们的重视和关注。美国控制论理论家、模糊理论的创始人 L. Zadeh①曾于 1965 年发表了一篇题为"模糊集"的论文，认为模糊性在客观世界和人类语言中是普遍存在的。随后，美国语言学家 McCawley（1981②）又在他的著作中详细论述了如何运用模糊集理论分析语言中的模糊性问题，并探讨了等级真值等方面的问题。

语言学家 Lakoff（1973③）提出了"范畴"这一概念，并将模糊理论引入到语言研究中。他认为，语义范畴存在一定的模糊性，以"鸟类"为例，知更鸟属于典型的鸟类，蝙蝠却不大属于此类，具有一定的模糊性。Channell（2000④）也对模糊语义进行了大量研究，她将语用学原理引入到模糊语的研究中，并以实际语言材料为基础，描述了模糊语的不同形式，并指出当一个词语的意思出于词语自身的不确定时，或者说话人故意使用含糊策略表达时，这个词语的意义便是模糊的。同时，她还指出了模糊语的交际功能，为模糊语义的进一步研究奠定了基础。

3.2　国内研究综述

国内对模糊语义的研究起步于 20 世纪 70 年代末。第一个运用模糊理论进行语义模糊性研究的是伍铁平先生。1979 年，伍铁平⑤先生发表了"模糊语言初探"一文，向国内语言学界详细介绍了国外学者的模糊理论以及他们运用模糊理论在语言研究方面取得的成果。此后，伍铁平先生又继续在该领域进行了更为深入的探索，发表了许多关于模糊语义的论文专著，对我国模糊语义研究的发展做出了重大贡献。

石安石⑥1988 年在《中国语文》上发表了"模糊语义及其模糊度"，这篇文

---

① Zadeh. L. A. "Fuzzy Sets" [J]. *Information and Control*，1965（8）：338 – 353.
② McCawley, J. D. *Everything that Linguistists have Always Wanted to Know about Logic but were Ashamed to Ask* [M]. Oxford：Basil Blackwell，1981.
③ Lakoff, G. "Hedges：a Study in Meaning Criteria and the Logic of Fuzzy Concepts" [J]. *Journal of Philosophical Logic*，1973（2）：458 – 508.
④ Channell，J. *Vague Language* [M]. Oxford：Oxford University Press，2000.
⑤ 伍铁平. 模糊语言初探 [J]. 外国语，1979（4）.
⑥ 石安石. 模糊语义及其模糊度 [J]. 中国语文，1988（1）.

章遂引发了一场关于语义模糊性产生根源的争论。众多学者提出了自己的不同见解，如符达维的"模糊语义问题辩述"，许玊华、吴博富的"略论模糊语义的本质和根源"，石安石"模糊语义再议—答符达维同志"，马毅"《模糊语义问题辩述》的辩述"和陈新仁"模糊语义研究的现状与未来——兼评石安石与符达维关于模糊语义之辩"等。这场持续三年的论战有着非常重要的意义，不仅加深了人们对模糊语义的本质和产生根源的认识，而且拓展了模糊语义的研究方法和影响范围。张乔（1998①）对西方模糊语义的学术研究进行了相关介绍，认为"模糊性是语言天生的，在语境中无法消除"，并从语义学角度出发，对模糊、含糊、笼统和一词多义进行了区分。陈维振、吴世雄（2002②）概述了模糊语义学在中国的发展历程，同时分析了国内模糊语义学的研究特点与具体问题，并在此基础上提出了今后的研究方向。当然，国内学者苗东升、何自然、陈新仁、陈林华、李福印、任谦光、黎千驹等都为模糊语义的研究做出了突出贡献。

总体而言，国外对于模糊语义的研究起步较早，发展至今已经逐渐形成了自身的研究逻辑与理论体系。但不同民族、不同文化的语言之间，既有着一定共性，亦存在很大差别。我们如何做好在借鉴和吸收国外研究成果的同时，将其与我国文化背景相结合，并在此基础上构建本土化的模糊语义研究体系，是目前模糊语义研究的迫切任务。此外，当前我国对模糊语义的研究已小有成就，研究领域不断拓展，研究视角几乎已经涵盖到了语言学的各个层面。然而，现有模糊语义翻译的研究更多是以文学翻译为主，而关于口译实践中遇到的模糊语义现象及其翻译方法的研究则较为少见。

4. 口译中的模糊语义及翻译策略

4.1 口译中模糊语义的类型

在口译活动中，出于传情达意的需要，模糊语义现象非常普遍。需要明确的是，语义模糊并不等同于令人费解，恰当的模糊语应用不仅不会妨碍口译活动顺利进行，反而有助于更好地传递交流信息。具体来说，口译中的语义模糊主要体

---

① 张乔. 模糊语义学［M］. 北京：中国社会科学出版社，1998.
② 陈维振，吴世雄. 范畴与模糊语义研究［M］. 福州：福建人民出版社，2002.

现在词汇层面的模糊、句子层面的模糊、篇章层面的模糊和文化层面的模糊。为了更好地说明口译中模糊语义的类别，笔者将以颜色类词的翻译为例，分别对这四个层面的语义模糊性逐一进行分析。颜色类词是人类对色彩感知、范畴化的认识与理解，与人类的生活息息相关，并经常和语言中的其他成分共同实现意义传递。但由于受主客观因素限制及语言自身因素影响，颜色类词所指代的语言意义也常常体现出语义的不确定性、模糊性。具体阐述如下：

1）词汇层面的模糊

在口译活动中，词汇层面的模糊语义形式俯拾皆是，这种模糊表达常常暗含更深层次的用意。以毛泽东的《沁园春·雪》为例，在这首气势磅礴、脍炙人口的诗篇中，描写景色的颜色词有："惟余莽莽"（One single white immensity）、"山舞银蛇"（The mountains dance like silver snakes）、"原驰蜡象"（And the highlands charge like wax-hued elephants）、"红装素裹"（Clad in white，adored in red）等。这些颜色词并非单纯的词语堆砌，而是根据不同颜色词的特点将北国风光的恢宏气势展现出来，因而气势磅礴的北国雪景和壮丽辽阔的祖国山河得以栩栩如生地呈现出来，并由此生发人们对祖国大好河山的感叹，同时也抒发了诗人的伟大抱负和宽广胸襟。

2）句子层面的模糊

句子层面的模糊指在同一个句子或句式中，在不同的场合、针对不同的口译情况，译员可以根据实际情况，摆脱句式的结构束缚，作出恰当的解释，以顺利达成交际目的。我们知道，无论是在英语中还是汉语中，都有不少包含颜色词的成语或俗语。因为将颜色词与其他词语组合成句子时，在抒发感情方面往往更加形象，更具感染力，也往往会产生更强的艺术表达效果。在口译过程中，若是简单地将其逐字逐句进行表层翻译，便会破坏其中蕴含的特定内涵。所以，在这种情况下，译员必须超越颜色词的实质意义，用心体会它与其他词语结合而形成的新的形象含义。以如下几个口译中常见的有关颜色的成语熟语的中英对照为例：

佛要金装，人要衣装。Fine feathers make fine birds.

金无足赤，人无完人。Every man has his faults.

白手起家 To start from scratch

遍体鳞伤 Black and blue

以上这些中文例句因在英文中存在对应的约定俗成的表达，故在口译时要舍弃原来颜色词语的表层含义，而宜采用英文中特有的固定句式，使译文显得非常地道，呈现本土化特点。

3）篇章层面的模糊

篇章模糊主要指语境下的模糊，即受到整个上下文语境的影响而产生的模糊语段。任何句子结构都有助于我们决定段落中词语的意义，尽管从某种程度上来说，段落的模糊性来自其中语义的模糊性。然而，有时候真要弄清词语、短语的原意并找到合适的对应词并非易事。这就要求译员在口译过程中，不仅要注意句子中词语和短语的内涵，还需要将它们放在上下文语境中加以考虑。事实上，语境造成的篇章模糊对于口译中的模糊语义的理解与使用都有着非常重要的作用。在口译活动中，语境不但包含交际双方的相互关系、语言传递方式，也包含交流内容以及交流时所处的环境、场合等。语境一方面可以创造出模糊信息，另一方面，也能够帮助人们判别模糊信息，准确传递意义。对于译员而言，恰当运用模糊篇章，有助于在一定程度上提高翻译和交流的效果。因为译员只有结合具体语境和上下语句，才能揣摩出说话人于模糊信息中所暗含的真实意图，从而减少误译、错译的发生。

4）文化层面的模糊

语言是人类生活、情感与对自身命运关注的载体。不同社会制度、文化背景和地理环境导致不同的民族在长期的生活中逐渐形成了各自不同的一套独具民族特色的语言习惯用法。因此，同一颜色在不同的民族头脑中可能引发不同的联想，反映出不同民族自身的文化历史意蕴以及鲜明的民族个性。在翻译颜色词的过程中，译员不能拘泥于颜色本身，而要依托具体的语境，遵循具体的民族心理和语言习惯，细细推敲原文的修辞特征，选择合适的词语和句式，使译文尽量保持其特有的民族特点。

中西方的"白"（white）与"黑"（black）便承载着不同的文化内涵。在中国传统文化中，白色常常喻示着衰败、死亡。在中国，"红白喜事"中的"白"，即丧事（funeral），传统戏曲中的"白脸"象征着阴险、狡诈，生活中的"唱白脸"也比喻为扮演坏人。而在西方，"white"则象征着美好欢娱、纯洁无瑕。比如，"a white soul"（纯洁的心灵）、"a white man"（一位好人）、"a white spirit"（高尚的精神）等，均为正面且积极的含义。不过，东西方对于黑色的认知却比较一致，都认为黑色象征着神秘、死亡、邪恶，也由此形成了颜色词意义的共通性，如"黑名单"（black list）、"黑市"（black market）、"黑色交易"（black deal）等。

4.2　口译中模糊语义的翻译策略

为了能够提高口译中意义表达的准确性，增强语言的灵活性和译文的艺术感染力，译者在口译时要遵循模糊语义的翻译原则，并采取适当模糊语义的翻译方法，使译文更具鲜明性、生动性和艺术性。那么，具体而言，译员应该运用何种方法和技巧去处理模糊语义呢？我们还是以颜色模糊词为例，对模糊语义的翻译策略加以介绍。

1）直译法

直译法是根据颜色词对应的词条进行翻译。一般情况下，我们通常都可以在译文中找到能够与源语完全对等的信息，如果颜色词只是单纯地描述一种客观色彩而没有象征性的指代意义时，译员在翻译过程中只需要将颜色简单地对译即可。比如"White House"（白宫）、"red rose"（红玫瑰）、"blue sky"（蓝天）、"white cloud"（白云）等。

2）改色法

改色法是指表达同一物体或现象时，鉴于中西方的文化特点，分别采用不同的颜色对其描绘。因此，在翻译时，译员必须把源语中的颜色词转换成目标语中相应的颜色词，使之满足源语言的信息表达的同时，也符合听众所处的文化背景和语言表达习惯。例如，翻译"青出于蓝而胜于蓝"时，切不可简单对其直译，而应改为"Blue is extracted from the indigo plant but is bluer than the latter"。同样，比如"黑面包""红茶"等，要根据目的语表达习惯，翻译为"brown bread"和"black tea"。

3）无色法

无色法，顾名思义，即可以将源语中的颜色词恰当地忽略掉，在翻译时不必将其译出，在译文当中并不出现与之对应的词语。之所以采用这种方法，是因为原文中的颜色词所表达的并非颜色的真实意义，而仅是一种象征意义或引申意义，在目的语中往往找不到对应的颜色。为了减少听者的困惑，使译文更易被他们理解和接受，译员不得不对其作出适当的取舍。如"黄袍加身"（be acclaimed emperor）、"红白喜事"（wedding and funeral）、"白手起家"（start from scratch）等。

4）增色法

增色法与无色法相反，是指源语中没有出现颜色词，但译员根据目的语的语言习惯，人为增加一个或多个颜色词语以更好地传达源语意义，达到与之相同或相似的艺术效果。我们以黑色为例，如："怒气冲冲"（be black/red with anger）、害群之马（black sheep）、"倒霉的一天"（black letter day）、遍体鳞伤（black and blue）。在以上这些本身不存在颜色词语的短语中，因为黑色在西方常常与黑暗、邪恶、厄运等相联系，译员在翻译时需要增加必要的颜色词 black/red，以契合目的语的语言文化背景和传递说话人的真实意图，达到更贴切的信息传递效果。

5. 结语

模糊性与确定性相互对立而存在，相互补充，互相完善。自 1979 年伍铁平先生在《外国语》第 4 期上发表"模糊语言初探"以来，有关模糊语义的研究备受国内学者的关注。后来，随着研究的不断深入，学术界对于模糊语义的本质和产生根源基本逐渐达成了共识，厘清了语义模糊性和其他语义学相关概念的区别，辩证地认识了模糊性和清晰性之间的关系，也对模糊语义的定量研究进行了探索，对语义模糊性的研究提高到了认知性的水平。所有这些均表明，我国在模糊语义研究方面已经取得了重大成就，获得了颇丰的研究成果。然而，与西方国家相比，我国对模糊语义学与翻译关系的研究尚处于初级阶段，现有研究仍需进一步深入，跨学科研究有待进一步加强。

相较于确定性的语言，模糊语往往有着更高的概括性和灵活性，在日常交往时已经得到人们的广泛使用。口译作为一种跨文化的交际活动，说话人出于策略需要，往往会有意识地涉及一些模糊表达，可以说，模糊语义是口译过程中相当普遍的一种语言现象。然而，目前对于模糊语义和口译的关系，以及如何在口译中处理模糊语义的相关研究却仍然十分有限。虽然一些学者已经投身于这方面的研究工作，但至今仍未取得实质性、突破性的进展。口译具有明显的跨学科特点，对于口译中模糊语义现象的研究，还需要主动借鉴其他学科研究的智慧结晶，揭示口译过程中语义模糊性的规律，从而为整个研究注入新的活力。最后，希望读者通过本节的描述，能够对语义模糊性有一个初步认识，也希望本节能为模糊语义和口译的结合研究尽一丝绵薄之力，从而促进口译实践的进一步发展。

中国人民大学出版社外语出版分社读者信息反馈表

尊敬的读者：

    感谢您购买和使用中国人民大学出版社外语出版分社的 _____ 一书，我们希望通过这张小小的反馈卡来获得您更多的建议和意见，以改进我们的工作，加强我们双方的沟通和联系。我们期待着能为更多的读者提供更多的好书。

    请您填妥下表后，寄回或传真回复我们，对您的支持我们不胜感激！

1. 您是从何种途径得知本书的：
   □书店　　　　□网上　　　　□报纸杂志　　　　□朋友推荐

2. 您为什么决定购买本书：
   □工作需要　　□学习参考　　□对本书主题感兴趣　　□随便翻翻

3. 您对本书内容的评价是：
   □很好　　　　□好　　　　□一般　　　　□差　　　　□很差

4. 您在阅读本书的过程中有没有发现明显的专业及编校错误，如果有，它们是：

   _____

   _____

   _____

5. 您对哪些专业的图书信息比较感兴趣：

   _____

   _____

   _____

6. 如果方便，请提供您的个人信息，以便丁我们和您联系（您的个人资料我们将严格保密）：

   您供职的单位：_____

   您教授的课程（教师填写）：_____

   您的通信地址：_____

   您的电子邮箱：_____

请联系我们：贾乐凯　吴振良　黄婷　程子殊　王琼　鞠方安

电话：010-62515580，62515538，62512737，62513265，62515573，62515576

传真：010-62514961

E-mail：jialk@crup.com.cn　　wuzl@crup.com.cn　　huangt@crup.com.cn
　　　　chengzsh@crup.com.cn　　crup_wy@163.com　　jufa@crup.com.cn

通信地址：北京市海淀区中关村大街甲 59 号文化大厦 15 层　　邮编：100872

中国人民大学出版社外语出版分社